Ente, Gans & Pute

EDITION XXL

Inhalt

Vorwort

Vorwort

Ente, Gans und Pute sind richtig zubereitet ein wahrer Genuss für die Sinne! Sie passen ganz hervorragend in die Zeit um Sankt Martin, der nach der Legende sein Amt als Bischof von Tours den schnatternden Gänsen zu verdanken hatte. Natürlich wird auch jedes Weihnachtsfest durch ein Gericht aus Ente, Gans oder Pute bereichert und das amerikanische Thanksgiving wäre ohne die Zubereitung des traditionellen Truthahns nicht vorstellbar.

Die Vielfalt der Zubereitung ist nahezu grenzenlos. Ob als ganzer Vogel mit Füllung, nur Teile wie Putenbrust oder Gänsekeule, ob aus dem Ofen, aus der Pfanne oder aus dem Kochtopf – der Fantasie sind keine Grenzen gesetzt. Vor allem nicht, was die Beilagen betrifft. Von exotischen Zutaten wie Zitronengras, Ingwer und Mirin (süßer Reiswein) bis zu saisonalen Zutaten wie Erdbeeren und Pfifferlingen, von fruchtig-frisch bis deftig-rustikal – bei dieser Vielfalt an Geflügelgerichten ist garantiert für jeden Geschmack das Richtige dabei.

Auch wenn die Zubereitung etwas Zeit in Anspruch nimmt – die Mühe lohnt sich. Die Ratgeber-Seiten informieren Sie darüber, welches Fleisch Sie am besten kaufen. Schritt-für-Schritt-Anleitungen mit zahlreichen Farbfotos zeigen, wie Sie die Gaumenfreuden auf den Tisch zaubern. Und mit den Tipps und Tricks zu Zubereitung, Füllungen und Beilagen kann gar nichts mehr schief gehen.

Viel Spaß beim Nachkochen und Genießen der köstlichen Geflügelgerichte wünscht Ihnen

Ihre

Elisabeth Bangert

Ente

Entenarten

Pekingente bezeichnet neben dem beliebten Gericht beim Chinesen auch eine Entenart – gemeinhin bekannt als die Haus- oder Bauernente. Sie ist die am häufigsten bei uns vorkommende Ente und der fettreichste Vertreter ihrer Art. Das ideale Gewicht einer jungen Pekingente liegt bei 1,5–2 kg.

Die bekannte **Barbarie-Ente** gehört zur Gattung der Flugenten. Im Gegensatz zur Hausente hat sie deutlich mehr Brustfleisch und weniger Fett. Das kommt daher, dass sie – wie schon der Name verrät – früher eher auf Bäumen lebte, als im Wasser zu treiben, wodurch sie eine kräftigere Flugmuskulatur entwickelt hat. Durch diesen höheren Fleisch- und niedrigeren Fettgehalt ist die Flugente sehr beliebt. Die meisten handelsüblichen Enten sind Flugenten und haben in der Regel ein Gewicht von ca. 1–1,5 kg. Sie werden sowohl frisch als auch gefroren angeboten und stammen häufig aus Intensivmast. Während männliche Exemplare bis zu 4 kg auf die Waage bringen können, sind die Weibchen leichter und laut Feinschmeckern geschmacklich auch besser.

Eine weitere Entenart ist die **Wildente**. Ihr Fleisch ist magerer, dunkler und geschmacklich intensiver als das anderer Arten. Eine junge Wildente wiegt ca. 1 kg und reicht für 2 Personen. Man sollte beachten, dass nur junge Wildenten bis zu 1 Jahr aromatisch schmecken, ältere Exemplare sind zäh. Die Jagdsaison beginnt im September und geht bis zum 15. Januar.

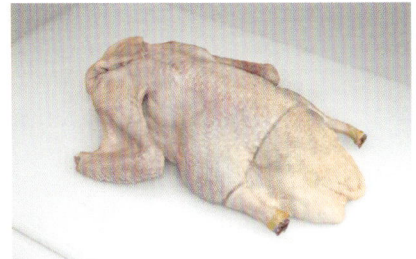

Wildente auf dem Bauch

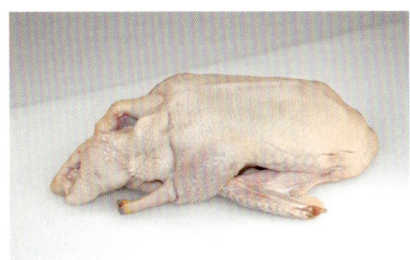

Wildente auf dem Rücken

Entenbrust

Qualität

Die besten Enten bekommen Sie vom Bauern, Markt oder Metzger aus „Freilandhaltung" oder „bäuerlicher Auslaufhaltung" (nicht Aufzucht). Eine stramme, helle Haut und ein weicher bis leicht biegsamer Brustbeinfortsatz garantieren gute Qualität. Sieht die Ente eher schlaff und fleckig aus, sollten Sie die Finger davon lassen. Bei einer Ente aus der Tiefkühltruhe sollten Sie darauf achten, dass sich kein Gefrierbrand gebildet hat.

Aufbewahrung

Ob Sie nun einen ganzen Vogel oder nur einen Teil wie Brust oder Keule aufbewahren wollen – frisches Geflügel immer im Kühlschrank und nicht länger als 2 Tage aufbewahren.

So ist es richtig: Die Ente aus der Verpackung nehmen, die Innereien entfernen, das Tier innen und außen waschen, trocken tupfen und entweder zugedeckt in einem Bräter oder in Klarsichtfolie eingewickelt in den Kühlschrank stellen.

Tranchieren:

Tranchieren (auch transchieren; von französisch „trancher" = „abschneiden, zerlegen") bezeichnet das richtige und kunstgerechte Zerlegen von Fleisch, Fisch und Geflügel, aber auch von Obst und Gemüse. Hier wird das Tranchieren anhand einer Wildente gezeigt.

1. Keule vom Rumpf trennen

Legen Sie die Ente auf den Rücken und trennen Sie mit dem Filetierbesteck die Beine ab. Nicht zu nah am Bein abtrennen, dann löst sich das Gelenk von ganz allein.

Das Tranchierbesteck besteht meistens aus Tranchiergabel und Tranchiermesser bzw. einer Geflügelschere.

2. Flügel abtrennen

Auch hier gilt: nicht zu dicht am Knochen abtrennen.

3. Brustfleisch ablösen

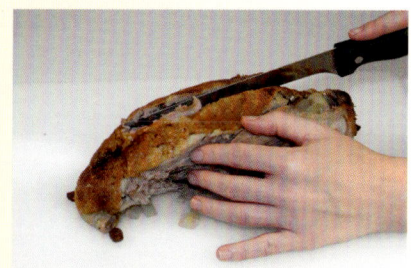

Haben Sie die Beine und Flügel abgetrennt, können Sie problemlos das Brustfleisch ablösen. Hierbei sollten Sie vom Brustbein her beginnen.

Da das Fleisch der Ente deutlich fettreicher ist als beispielsweise von Pute oder Hähnchen, kann man es hervorragend mit säuerlichen Früchten kombinieren. Der berühmteste Beweis hierfür ist die „Ente à l'orange", doch auch exotische Früchte wie Ananas, Grapefruit und Granatapfel sind in der internationalen Küche in Kombination mit Entengerichten sehr beliebt.

Entenbrust
im Schinkenmantel

Zutaten für 4 Personen:

2 Entenbrustfilets à 400 g
800 g kleine Kartoffeln, z. B. Drillinge
einige Zweige Rosmarin
2 EL Olivenöl
grobes Meersalz
Salz
Pfeffer, frisch gemahlen
2 Pflaumen

1 kleiner Apfel
1 kleine Schalotte
1 EL Calvados
½ TL Beifuß
1 Prise Zimt
1 Packung (= 100 g) Schwarzwälder
Schinken, z. B. von Original Wein's

1. Den Backofen auf 200 °C (Umluft 180 °C) vorheizen. Die Kartoffeln waschen, mit dem Rosmarin, Öl und Meersalz in eine ofenfeste Form geben und 45 Minuten im Backofen garen.

2. Die Entenbrustfilets unter fließend kaltem Wasser abwaschen und mit Küchenkrepp trocken tupfen. Mit einem scharfen Messer eine Tasche in die Filets schneiden und von innen und außen salzen und pfeffern.

3. Die Pflaumen waschen, halbieren und entsteinen. Den Apfel waschen, schälen und entkernen. Die Schalotte schälen. Pflaumen, Apfel und Schalotte fein würfeln und mit dem Calvados, Beifuß, Salz und Pfeffer vermengen.

4. Die Füllung mit Zimt abschmecken, die Filets mit der Masse füllen und mit je 4 Schinkenscheiben umwickeln. Von beiden Seiten kurz anbraten und ca. 20 Minuten vor Ende der Garzeit zu den Kartoffeln in den Ofen geben.

Zutaten für 4 Personen:

600 g Entenbrust (ohne Haut)
50 ml Orangensaft
2 EL Orangenblütenhonig
1 EL Rapsöl
1 TL Chiliflocken
½ TL Estragonblättchen
1 TL Salz
600 g Brokkoli

1 Bund Möhren
200 g Zuckerschoten
200 ml Brühe
1 Packung (= 400 g) Mini-Kartoffelknödel,
z. B. von Henglein
150 g Crème fraîche (15 % Fett)
Pfeffer, frisch gemahlen

Knödel-Gemüse-Pfanne mit Entenbrust

1. Die Entenbrust unter fließend kaltem Wasser abwaschen, mit Küchenkrepp trocken tupfen und in ca. 2 cm breite Streifen schneiden.

2. Für die Marinade Orangensaft, Honig, Öl, Chiliflocken, Estragon und Salz miteinander verrühren und die Entenbrust darin einlegen.

3. Den Brokkoli putzen und in Röschen teilen, die Möhren schälen und beides mit den Zuckerschoten waschen. Die Möhren schräg in 1 cm lange Stücke schneiden.

4. Die Entenbrust mit der Marinade in einer beschichteten Pfanne gut anbraten und herausnehmen. Die Möhrenstücke und Brokkoliröschen in dem verbliebenen Bratfett andünsten, die Brühe angießen und abgedeckt ca. 10 Minuten garen. Die Zuckerschoten hinzufügen und weitere 5 Minuten garen.

5. Die Knödel nach Packungsanweisung zubereiten, mit der Entenbrust in die Pfanne geben und kurz miterhitzen. Mit der Crème fraîche verfeinern, mit den Gewürzen pikant abschmecken und servieren.

Rotkohl-Eintopf mit geräucherter *Entenbrust*

Zutaten für 4–6 Personen:

250 g geräucherte Entenbrust
1 Zwiebel, 750 g Rotkohl
2 EL Keimöl, z. B. von Mazola
2 Msp. Nelken, gemahlen
1 Msp. Zimt, gemahlen
1 Prise Muskatnuss, gerieben

1 Beutel Hühnersuppe, z. B. von Knorr
Suppenliebe
400 g Kartoffeln, 1 große Möhre
1–2 TL Rotwein- oder Balsamico-Essig
evtl. Salz und Pfeffer
½ Bund glatte Petersilie

1. Die Zwiebel schälen und fein würfeln. Vom Rotkohl die schadhaften Blätter entfernen. Den Kohl waschen, vierteln, den Strunk entfernen und fein schneiden oder hobeln.

2. Das Öl erhitzen und die Zwiebelwürfel darin glasig dünsten. Den Rotkohl hinzufügen und mitdünsten. Mit den Gewürzen bestreuen, 1 l Wasser dazugießen und aufkochen. Die Hühnersuppe hineinrühren und zugedeckt bei schwacher Hitze ca. 25 Minuten kochen lassen.

3. Die Kartoffeln und die Möhre waschen und schälen. Die Kartoffeln in Würfel und die Möhre in Scheiben schneiden. Beides zur Suppe geben und ca. 15 Minuten weiterköcheln.

4. Die Entenbrust in dünne Scheiben schneiden und in der Suppe heiß werden lassen. Die Suppe mit dem Essig und nach Wunsch mit Salz und Pfeffer abschmecken.

5. Die Petersilie waschen, trocken schütteln und bis auf ein paar Stängel grob hacken. Den Eintopf damit bestreuen und mit den Stängeln garnieren.

Glasierte
Entenbrust *mit Rotkraut*

Zutaten für 4 Personen:

4 Entenbrüste à ca. 200 g
1 kg kleine Kartoffeln, z. B. Drillinge
Salz, 2 EL Öl, 2 EL Honig, 2 EL Sojasoße
2 TL Preiselbeeren (aus dem Glas)

Pfeffer, frisch gemahlen
1 Glas (= 580 ml) Rotkohl mit Wild-
Preiselbeeren, z. B. von Kühne
einige Zweige Thymian

1. Den Backofen auf 180 °C (Umluft 160 °C) vorheizen. Die Kartoffeln waschen und in reichlich Salzwasser ca. 15–20 Minuten gar kochen.

2. Die Entenbrüste unter fließend kaltem Wasser abwaschen, mit Küchenkrepp trocken tupfen und die Haut rauten-förmig einschneiden. In dem erhitzten Öl von beiden Seiten kurz anbraten und herausnehmen.

3. Den Honig mit der Sojasoße und den Preiselbeeren verrühren und mit Salz und Pfeffer würzen. Die Enten-brust damit bestreichen und in einer ofenfesten Form (ca. 20 x 30 cm) ca. 15 Minuten im Backofen garen.

4. Das Rotkraut nach Packungsanweisung 15 Minuten erhitzen. Den Thymian waschen, trocken schütteln, die Blätt-chen abzupfen und fein schneiden.

5. Die Kartoffeln in dem verbliebenen Bratfett kurz anschwenken und mit dem Thymian verfeinern. Die Enten-brust mit dem Rotkraut und den Kar-toffeln servieren.

Zutaten für 4 Personen:

3 Entenbrüste à ca. 400 g
1 Beutel Kartoffelpüree, z. B. von Pfanni
70 g getrocknete Cranberrys
60 g Parmesan
2 Eier
5 EL Kartoffelstärke
1 TL Backpulver
Öl zum Frittieren, Salz
Pfeffer, frisch gemahlen

Muskatnuss, gemahlen
400 ml Geflügelfond
100 ml Crème de Cassis
1 EL dunkler Soßenbinder, instant,
z. B. von Mondamin
3 Äpfel
1 EL Butter
3 EL Puderzucker

Entenbrust mit Cranberry-Kroketten und *Apfelringen*

1. Für die Kroketten das Kartoffelpüree nach Packungsanweisung zubereiten. Die Cranberrys hacken und den Parmesan fein reiben. Eier, Kartoffelstärke, Backpulver, Cranberrys und Parmesan zum Püree geben und mit den Knethaken des Handrührgerätes verkneten.

2. Den Krokettenteig zu etwa 2 cm dicken und 6 cm langen Rollen formen. Das Öl in einem Topf erhitzen, die Kroketten darin goldbraun frittieren und warm stellen.

3. Den Backofen auf 200 °C (Umluft 180 °C) vorheizen. Die Entenbrüste unter fließend kaltem Wasser abwaschen, mit Küchenkrepp trocken tupfen und die Haut rautenförmig einritzen. Auf der Hautseite in eine kalte, beschichtete Pfanne legen und erhitzen, bis die Hautseite kross gebraten ist. Die Entenbrüste umdrehen und weitere 2 Minuten braten. Mit Salz, Pfeffer und Muskatnuss würzen, in eine ofenfeste Form legen und im Backofen ca. 8 Minuten garen.

4. Für die Soße das Entenfett aus der Pfanne gießen und den Bratensatz mit dem Geflügelfond ablöschen. Die Crème de Cassis dazugießen und die Soße auf die Hälfte einkochen lassen. Mit Salz und Pfeffer abschmecken und mit dem Soßenbinder leicht binden.

5. Die Äpfel waschen und in dünne Ringe schneiden. Die Butter in einer Pfanne schmelzen, die Apfelringe mit dem Puderzucker bestäuben und von beiden Seiten goldbraun braten.

6. Die Entenbrust aufschneiden und mit Kroketten, Apfelringen und Soße servieren.

Entenbrust

Zutaten für 4 Personen:

2 Entenbrüste à ca. 350 g
1 EL Butterschmalz
Meersalz
Pfeffer

Für die Soße:
400 ml Entenfond
1 Zwiebel, 1 Orange, 1 EL Mehl
1 EL Bratensoße, instant
Salz, Pfeffer

1. Den Backofen auf 80 °C vorheizen. Ein Abtropfblech in den Backofen stellen. Die Entenbrüste unter fließend kaltem Wasser abwaschen und mit Küchenkrepp trocken tupfen. Mit Salz und Pfeffer würzen.

2. Das Butterschmalz in einer Pfanne erhitzen. Die Entenbrüste auf der Hautseite 2 Minuten anbraten, wenden und weitere 2 Minuten anbraten. Das Bratenthermometer an der dicksten Stelle einer Entenbrust platzieren. Mit der Hautseite nach oben die Entenbrüste auf einem Ofengitter ca. 2 ½ Stunden auf der mittleren Backofenschiene garen. Die Kerntemperatur sollte 62–65 °C erreichen, wenn die Entenbrust noch rosa sein soll. Möchten Sie das Fleisch durchgegart haben, sollte die Kerntemperatur 80–90 °C betragen. Nach der Garzeit den Ofen ausschalten und die Entenbrüste noch etwas ruhen lassen.

3. Für die Soße die Orange auspressen. Die Zwiebel schälen und klein schneiden. In der Pfanne mit dem Bratansatz die Zwiebel glasig dünsten. Den Entenfond dazugießen und auf die Hälfte der Flüssigkeit einkochen lassen. Das Bratensoßenpulver und den Orangensaft hineinrühren. Das Mehl mit dem Schneebesen in ¼ l kaltem Wasser verquirlen und die Soße nach Bedarf andicken. Mit Salz und Pfeffer abschmecken.

Bratenthermometer zum Messen der Kerntemperatur

Tipp

Dazu schmecken Kartoffelpüree und ein frischer grüner Salat.

Entenbrust *auf*
Mango-Thymian-Soße

1. Den Backofen auf 200 °C (Umluft 180 °C) vorheizen. Die Schalotten und den Knoblauch schälen, die Schalotten in Streifen schneiden und den Knoblauch zerdrücken.

2. Die Entenbrustfilets unter fließend kaltem Wasser abwaschen, mit Küchenkrepp trocken tupfen und die Haut mit einem scharfen Messer rautenförmig einschneiden.

3. In einer großen, ofenfesten Pfanne das Butterschmalz erhitzen und die Filets auf der Hautseite kurz scharf anbraten. Die Schalottenstreifen und den Knoblauch hinzufügen, mit ½ TL Thymian, etwas Pfeffer und Salz bestreuen und im Backofen ca. 18–20 Minuten weitergaren.

4. Den Orangensaft mit dem Essig verrühren. Die Mango schälen, das Fruchtfleisch vom Kern abtrennen und in feine Würfel schneiden.

5. Die Entenfilets aus der Pfanne nehmen, mit Alufolie abdecken und warm halten. Die Orangensaft-Essig-Mischung kurz in der Pfanne aufkochen lassen, bis sich der Bratensatz löst. Die Mangowürfel und den restlichen Thymian hinzufügen, die Soße etwas einkochen lassen und mit Salz und Pfeffer abschmecken.

6. Die Entenfilets in Scheiben schneiden und mit der Mango-Thymian-Soße servieren. Mit Orangenscheiben und frischem Thymian garnieren.

Tipp

Hierzu ofenwarmes Baguette reichen.

Zutaten für 4 Personen:

600 g Flugentenbrustfilet
2 Schalotten
1 Knoblauchzehe
1 EL Butterschmalz
1 TL Thymian, gerebelt, z. B. von
Ostmann
weißer Pfeffer, gemahlen

Salz
Saft von 1 Orange
1 EL weißer Balsamico-Essig
1 kleine vollreife Mango
Orangenscheiben und frischer Thymian
zum Garnieren

Zutaten für 4 Personen:

600 g Entenbrust
4–6 Stangen Zitronengras
6 EL Sojasoße
3 EL Limettensaft
2 TL Szechuan-Pfeffer
10 g Mu-Err-Pilze, getrocknet
200 g Shiitake-Pilze
2 große Möhren
250 g Zuckerschoten

Salz
1 EL Öl
1 TL Bratenfond (instant), z. B. von Mondamin
200 ml Hühnerbrühe
1 gehäufter EL dunkler Soßenbinder, instant
Pfeffer
Zucker

Tipp

Dazu passt am besten Reis.

Entenbrust

„Szechuan"

1. Die Entenbrust unter fließend kaltem Wasser abwaschen und mit Küchenkrepp trocken tupfen. Die Haut rautenförmig einschneiden und die Entenbrust in 4–6 große Stücke schneiden. Die Stücke jeweils auf 1 Stange Zitronengras spießen. Mit 4 EL Sojasoße und 2 EL Limettensaft beträufeln. 1 TL Szechuan-Pfeffer zerstoßen, darüberstreuen und ziehen lassen.

2. Die getrockneten Pilze in kochendem Wasser und der restlichen Sojasoße 15 Minuten garen und sorgfältig abspülen. Die Shiitakepilze mit einem Pilz- oder Kuchenpinsel säubern. Nicht waschen, da sie sich schnell mit Wasser vollsaugen und an Geschmack verlieren! Die Stiele abschneiden und die Köpfe kreuzförmig einschneiden.

3. Die Möhren waschen, schälen, der Länge nach einkerben und in feine Blütenscheiben schneiden. Die Zuckerschoten an beiden Enden abschneiden und eventuell Fäden dabei abziehen.

4. Die Möhren in kochendem Salzwasser ca. 5 Minuten garen. Die Zuckerschoten ca. 3 Minuten vor Ende der Garzeit hinzufügen.

5. Die Entenbrust-Stücke abtupfen, in dem erhitzten Öl anbraten und salzen. Bei mittlerer Hitze ca. 12–15 Minuten zu Ende braten, in Alufolie einwickeln und ruhen lassen.

6. Die Pilze im verbliebenen Bratfett anbraten. Mit Salz und dem restlichen Szechuan-Pfeffer würzen. Den Bratenfond hineinrühren, mit der Brühe ablöschen und aufkochen lassen. Den Soßenbinder hineinstreuen und 1 Minute kochen. Mit Salz, Pfeffer, Zucker und dem restlichen Limettensaft abschmecken. Mit den Entenbruststücken und dem Gemüse servieren.

Entenbrust
auf Cumberlandsoße

1. Die Blätterteig-Quadrate nach Packungsanweisung auftauen lassen. Das Ei trennen und die Teigränder mit dem Eiweiß bestreichen. Den Backofen auf 200 °C (Umluft 180 °C) vorheizen.

2. Die Entenbrüste unter fließend kaltem Wasser abwaschen und mit Küchenkrepp trocken tupfen. Die Haut entfernen, mit Salz und Pfeffer würzen und in dem erhitzten Fett rundherum ca. 10 Minuten anbraten. Abkühlen lassen.

3. Jeweils 5 Blätterteig-Quadrate überlappend zusammenlegen und die Ränder fest andrücken. Je eine Entenbrust darauf betten, den Teig darüberlegen und die Enden einschlagen. Den Teig mit dem Eigelb bestreichen.

4. Die Blätterteig-Pakete auf ein mit Backpapier ausgelegtes Blech setzen und ca. 20 Minuten im Ofen backen.

5. Die Orange heiß abwaschen, halbieren, mit einem Sparschäler hauchdünn schälen und die Schale in feine Streifen schneiden. Die Orange auspressen. Die Schalotte schälen und fein würfeln. Den Portwein mit dem Orangensaft aufkochen lassen, die Orangenschalen-Streifen und Schalottenwürfel ca. 10 Minuten bei geringer Hitze darin ziehen, nicht kochen und dann abkühlen lassen.

6. Die Preiselbeeren mit Salz, Cayennepfeffer und Ingwer würzen und die Portweinmischung unterrühren. Die Soße nochmals abschmecken und kalt zur Entenbrust servieren. Mit Orangenscheiben und Basilikum garnieren.

Zutaten für 4 Personen:

2 Entenbrüste
1 Packung (= 450 g, 10 Scheiben)
TK-Blätterteig, z. B. von Café Condito
1 Ei
Salz, Pfeffer
Fett zum Braten
1 unbehandelte Orange

1 Schalotte
5 cl Portwein
1 Glas (= 250 g) Preiselbeeren
1 Msp. Cayennepfeffer
1 Msp. Ingwer, gemahlen
Orangenscheiben und frisches Basilikum
zum Garnieren

Zutaten für 4 Personen:

600 g Entenbrustfilet (ohne Haut)
2 EL Honig
1 TL bunter Pfeffer
Salz
2 Schalotten
2 Granatäpfel
4 Feigen
2 EL Öl
500 ml Entenfond (Glas)

2 EL brauner Zucker
4 EL gehackte Walnusskerne
20 ml Granatapfelsirup
2–4 Msp. gemahlener Safran
¼–½ TL gemahlene Kurkuma,
z. B. von Fuchs
1 TL gemahlener Cayennepfeffer
dunkler Soßenbinder, instant, nach Belieben
ganze Walnusskerne

Fruchtige *Winterente*

1. Die Entenbrust unter fließend kaltem Wasser abwaschen, mit Küchenkrepp trocken tupfen und in Streifen schneiden.

2. Den Honig, je ½ TL Pfeffer und Salz verrühren und mit der Entenbrust vermischen. Die Schalotten schälen und in Ringe schneiden.

3. Die Granatäpfel halbieren und die Kerne herauslösen. Die Feigen waschen, putzen und vierteln.

4. Das Öl erhitzen, die Entenbrust darin anbraten, die Schalottenringe hinzufügen und andünsten. Den Fond dazugießen und die Entenbrust zugedeckt 10–15 Minuten garen.

5. Den braunen Zucker in einem Topf erhitzen und die gehackten Walnüsse darin karamellisieren. Die Soße mit Salz, Pfeffer, Granatapfelsirup, Safran, Kurkuma und Cayennepfeffer abschmecken und nach Wunsch mit dunklem Soßenbinder andicken.

6. Die Granatapfelkerne und Feigenviertel hinzufügen und kurz miterhitzen. Die Entenbruststreifen mit den Feigen, der Soße und ein paar ganzen Walnusskernen auf Teller verteilen und servieren.

Tipp

Dazu schmeckt Safranreis.

*E*nte *im* *S*peckmantel

1. Den Backofen auf 160 °C (Umluft 140 °C) vorheizen.

2. Die Entenbrüste und -keulen unter fließend kaltem Wasser abwaschen, mit Küchenkrepp trocken tupfen und die Haut rautenförmig einschneiden. Mit den geschroteten Wacholderbeeren, Salz und Pfeffer würzen, mit Salbeiblättchen belegen und mit den Baconscheiben umwickeln.

3. Die Entenbrüste zuerst auf der Hautseite, dann auf der Fleischseite und die Entenkeulen von allen Seiten scharf im erhitzten Öl anbraten. Das Fleisch herausnehmen und im Backofen ca. 30 Minuten garen.

4. Die Schalotte schälen, fein würfeln, im verbliebenen Öl andünsten und mit dem Fond, Orangensaft und Rotwein ablöschen. Die ganzen Wacholderbeeren hinzugeben und die Soße etwas einreduzieren lassen. Die Konfitüre unterrühren, mit Salz und Pfeffer abschmecken und nach Wunsch mit Soßenbinder andicken.

5. Das Rotkraut nach Packungsanweisung zubereiten und mit der Soße, den Entenbrüsten und -keulen auf Tellern anrichten. Mit Orangenscheiben und Kräutern garnieren.

Tipp

Dazu passen Schlosskartoffeln.

Zutaten für 4 Personen:

je 2 Entenbrüste und -keulen
ca. ½ TL Wacholderbeeren, grob
geschrotet oder zerdrückt
Salz
Pfeffer, frisch gemahlen
einige Salbeiblättchen
12 Baconscheiben
1–2 EL Öl
1 Schalotte
150 ml Geflügelfond

50 ml Orangensaft
100 ml Rotwein
½ TL ganze Wacholderbeeren
1 TL Orangenkonfitüre
evtl. etwas Soßenbinder, instant
1 Glas (= 580 ml) Rotkohl, z. B. Kühne
Festtags-Rotkohl „Orange-Cointreau"
Orangenscheiben und frische Kräuter
zum Garnieren

Tipp

Servieren Sie hierzu in heißem
Erdnussöl gebratene Knödel-
scheiben und Romanesco-
Gemüse mit Cocktailtomaten.

Ente mit Mango-Füllung

Zutaten für 4 Personen:

1 küchenfertige Ente, ca. 2,5 kg
3 Mangos
1 Knoblauchzehe
2 TL grüner Pfeffer, eingelegt
Salz
Pfeffer
1 EL flüssiger Honig

2 EL Sesamsamen, geröstet
250 ml Weißwein
2 Päckchen eines 3er-Packs Soße
zu Geflügel, z. B. von Knorr
evtl. Mango-Chutney oder
Orangenmarmelade
Küchengarn oder kleine Holzspieße

1. Den Backofen auf 180 °C (Umluft 160 °C) vorheizen. Die Mangos schälen, das Fruchtfleisch vom Kern abtrennen und in Stücke schneiden. Den Knoblauch schälen, fein hacken und mit dem Pfeffer unter die Mangostücke mischen.

2. Die Ente unter fließend kaltem Wasser abwaschen und mit Küchenkrepp trocken tupfen. Innen und außen mit Salz und Pfeffer einreiben. Die Mangomischung in die Ente füllen und die Öffnung mit Küchengarn oder kleinen Holzspießen verschließen.

3. Die Ente mit der Brust nach unten auf einen Ofenrost legen. Den Boden einer Backofen-Fettpfanne mit ca. 250 ml Wasser bedecken und unter den Rost schieben. Die Ente ca. 40 Minuten im Ofen braten, umdrehen und nochmals

ca. 1 Stunde und 20 Minuten braten, eventuell heißes Wasser nachgießen. Für eine knusprige Haut die Ente in den letzten 10 Minuten (bei starker Hitze) mit kaltem Salzwasser bestreichen.

4. Die Ente aus dem Ofen nehmen. Den Honig mit dem Sesam verrühren, die Ente damit glasieren und warm stellen.

5. Den Bratenfond entfetten. Mit dem Weißwein und eventuell Wasser auf 500 ml Flüssigkeit auffüllen und aufkochen. Den Inhalt beider Geflügelsoßen-Päckchen hineinrühren und 1 Minute kochen lassen. Die Soße nach Wunsch mit Mango-Chutney oder Orangenmarmelade abschmecken.

6. Die Ente mit der Mangofüllung anrichten und die Soße dazu servieren.

Ente mit Apfel-Rosmarin-Füllung

Zutaten für 4 Personen:

1 küchenfertige Ente, ca. 2,5 kg
350 g Äpfel, z. B. Boskop oder Braeburn
150 g Schalotten
2 Zweige Rosmarin
1 EL Zitronensaft
Salz

Pfeffer
250 ml Apfelsaft
2 Päckchen eines 3er-Packs Soße
zu Geflügel , z. B. von Knorr
Küchengarn oder kleine Holzspieße

1. Den Backofen auf 180 °C (Umluft 160 °C) vorheizen. Die Äpfel waschen, vierteln und entkernen. Die Schalotten schälen und in Spalten schneiden. Den Rosmarin waschen, trocken schütteln und mit dem Zitronensaft unter die Apfelviertel und Schalottenspalten mischen.

2. Die Ente unter fließend kaltem Wasser abwaschen und mit Küchenkrepp trocken tupfen. Innen und außen mit Salz und Pfeffer einreiben. Die Apfel-Schalotten-Mischung in die Ente füllen und die Öffnung mit Küchengarn oder kleinen Holzspießen verschließen.

3. Die Ente mit der Brust nach unten auf einen Ofenrost legen. Den Boden einer Backofen-Fettpfanne mit ca. 250 ml Wasser bedecken und unter den Rost schieben. Die Ente ca. 40 Minuten im Ofen braten, umdrehen und nochmals ca. 1 Stunde und 20 Minuten braten, eventuell heißes Wasser nachgießen. Für eine knusprige Haut die Ente in den letzten 10 Minuten (bei starker Hitze) mit kaltem Salzwasser bestreichen.

4. Die Ente aus dem Ofen nehmen und warm stellen. Den Bratenfond entfetten. Mit dem Apfelsaft und eventuell Wasser auf 500 ml Flüssigkeit auffüllen und aufkochen. Den Inhalt beider Geflügelsoßen-Päckchen hineinrühren und 1 Minute kochen lassen. Die Soße zur Ente servieren.

Tipp

Dazu passen Knödel mit gebräunten Semmelbröseln und Rotkraut. Eine besonders schöne Dekoration dazu sind gedünstete Apfelhälften mit Preiselbeeren.

Zutaten für 4 Personen:

1 küchenfertige Ente, ca. 2,5 kg
2–3 unbehandelte Orangen
250 g Zwiebeln
2 Zweige Rosmarin
Salz
Pfeffer
1 TL Glühweingewürz

200 ml Orangensaft
3 EL Honig
1 ½ TL Hühnerbouillon (instant),
z. B. von Knorr
50 g Bratensoße, instant
Küchengarn oder kleine Holzspieße

Ente à l'orange

1. Den Backofen auf 180 °C (Umluft 160 °C) vorheizen. Die Orangen heiß abwaschen und gründlich trocken reiben. Die Zwiebeln schälen und mit den Orangen grob stückeln. Die Rosmarinzweige dritteln. Alle Zutaten mischen und mit Salz, Pfeffer und ½ TL Glühweingewürz würzen.

2. Die Ente unter fließend kaltem Wasser abwaschen und mit Küchenkrepp trocken tupfen. Innen und außen mit Salz und Pfeffer einreiben. Mit ⅔ der Orangen-Zwiebel-Mischung füllen. Die Füllung macht Fleisch und Soße aromatischer. Sie wird nicht verzehrt. Die Öffnung mit Küchengarn oder kleinen Holzspießen verschließen. Die Ente mit der Brust nach oben in einen Bräter legen und auf der 2. Schiene von unten ca. 2 Stunden im Backofen braten.

3. Den Orangensaft mit dem Honig und dem restlichen Glühweingewürz aufkochen und mit der Bouillon und Pfeffer würzen.

4. Die Ente nach 1 ½ Stunden Garzeit mit etwas Orangensud bestreichen, die restliche Orangen-Zwiebel-Mischung in den Bräter geben und weiterbraten. Das Bestreichen zweimal, jeweils nach 10 Minuten, wiederholen. Die Ente aus dem Ofen nehmen und warm stellen.

5. Den Bratenfond durch ein Sieb in einen Messbecher gießen und entfetten. Mit dem restlichen Orangensud und Wasser auf ½ l Flüssigkeit auffüllen und aufkochen. Die Bratensoße hineinrühren und 1 Minute kochen. Die Soße zur Ente servieren.

Tipp

Dazu schmecken Knödel und Rotkraut.

Asia-Ente

Zutaten für 4 Personen:

1 küchenfertige Ente, ca. 2,5 kg
Salz
Pfeffer
1 walnussgroßes Stück Ingwer
150 g Feigen, getrocknet
150 g Aprikosen, getrocknet
1 Stange Zitronengras
1 Packung (= 6 Stück) Kartoffelknödel,
z. B. von Pfanni

1 EL Cashewkerne
2–3 EL Sojasoße
1–2 EL Honig
3 EL dunkler Soßenbinder, instant,
z. B. von Mondamin
Küchengarn oder kleine Holzspieße

1. Den Backofen auf 200 °C (Umluft 180 °C) vorheizen. Die Ente unter fließend kaltem Wasser abwaschen und mit Küchenkrepp trocken tupfen. Innen und außen mit Salz und Pfeffer einreiben.

2. Den Ingwer schälen und hacken. Ingwer, Feigen, Aprikosen und Zitronengras vermengen und in die Bauchhöhle der Ente füllen. Die Öffnung mit Küchengarn oder den Holzspießen verschließen.

3. Die Ente mit der Brust nach unten auf einen Ofenrost legen. Den Boden einer Backofen-Fettpfanne mit ca. 250 ml Wasser bedecken und unter den Rost schieben. Die Ente ca. 40 Minuten im Ofen braten, umdrehen und nochmals ca. 1 Stunde und 20 Minuten braten. Während des Bratens die Ente mehrmals mit dem Bratenfond übergießen. Falls zu wenig Bratenfond vorhanden ist, etwas heißes Wasser nachgießen.

4. Die Knödel nach Packungsanweisung zubereiten.

5. Die Cashewkerne hacken und mit 2 EL Sojasoße und 1 EL Honig verrühren. 10 Minuten vor Ende der Garzeit die Ente damit bestreichen. Die Ente aus dem Ofen nehmen und warm stellen.

6. Den Bratenfond entfetten, mit Wasser zu 300 ml Flüssigkeit auffüllen und aufkochen. Den Soßenbinder einrühren und 1 Minute kochen lassen. Die Soße mit Salz, Pfeffer, der restlichen Sojasoße und dem restlichen Honig abschmecken. Die Ente mit Knödeln, Füllung und Soße servieren.

Tipp

Dazu passen Zuckerschoten.

Zutaten für 2–3 Personen:

1 Wildente, ca. 1 kg
1–2 säuerliche Äpfel
1 Zwiebel
½ TL Zimt
1 EL Zucker
Salz
Pfeffer

170 g Rosinen
100 ml Orangensaft
100 ml Rotwein
800 ml Wildfond
8 EL dunkler Soßenbinder, instant
1 EL Honig
kleine Holzspieße

Wildente
mit Apfel-Rosinen-Füllung

1. Die Wildente von innen und außen gründlich säubern, von Federteilen befreien, sichtbares Fett direkt am Bauch entfernen und unter fließend kaltem Wasser abwaschen. Mit Küchenkrepp trocken tupfen.

2. Die Äpfel und die Zwiebel schälen. Beim den Äpfeln das Kerngehäuse entfernen. Anschließend Äpfel und Zwiebel würfeln und mit 70 g Rosinen sowie Zimt und Zucker vermischen.

3. Den Backofen auf 200 °C (Umluft 180 °C) vorheizen. Die Ente von außen und innen mit Salz und Pfeffer einreiben. Anschließend den Bauch der Ente mit der Apfel-Zwiebel-Rosinen-Mischung füllen. Die Öffnung mit kleinen Holzspießen zustecken.

4. Die Keulen zusammenbinden, die Flügel unter den Rücken stecken und die Ente mit der Brust nach oben auf einen Rost legen. Den Rost in die vorletzte Schiene des Ofens schieben und eine Fettfangschale direkt darunter. 150 ml Wildfond in die Auffangschale gießen.

5. Die restlichen Rosinen mit dem Orangensaft in ein Gefäß geben und während dem Braten der Ente ziehen lassen. Die Ente ca. 1 ½ Stunden braten. Hin und wieder etwas Wasser angießen und die Ente mehrmals mit dem Bratensud bepinseln. Die Ente ist fertig, wenn sie eine schöne, knusprig-goldbraune Haut hat.

6. Den restlichen Wildfond zusammen mit dem Rotwein und der Orangensaft-Rosinen-Mischung kurz aufkochen lassen. Den Soßenbinder hineinrühren und die Soße noch etwas einkochen lassen. Die Soße mit dem Honig, Salz und Pfeffer abschmecken.

Tipp

Die Wildente tranchieren und auf vorgewärmten Tellern servieren.

Gans

Bei den Gänsen unterscheidet man zwischen den Frühmastgänsen, den jungen Gänsen, den Hafermastgänsen und den Weidegänsen.

Von **Frühmastgänsen** spricht man bei Tieren, die 10–12 Wochen alt sind und ca. 3–4 kg wiegen. Sie sind jedoch nicht zu empfehlen, da sie ohne Weidegang gehalten werden und so weniger Geschmack haben. Die **jungen Gänse** sind ca. 9 Monate alt und haben ein Gewicht von 4–6 kg.

Hafermastgänse können über 1 Jahr alt sein und erreichen nicht selten ein Gewicht von mehr als 6 kg. Die Bezeichnung „Hafermastgans" ist gesetzlich geschützt und bezeichnet Gänse, die in der letzten Zeit ihres Lebens mit mindestens 500 g Hafer pro Tag gemästet wurden.

Weidegänse werden mit Gras und Getreide gefüttert. Um eine Fettleber zu vermeiden, wird bei ihnen bewusst auf das Füttern von Mais verzichtet.

Qualität

Wenn Sie sicher sein wollen, dass Sie gute Qualität kaufen, dann wenden Sie sich an einen Bauern in Ihrer Nähe. Denn nur eine artgerechte Haltung und qualitativ hochwertige Fütterung gewährleisten, dass das Fleisch nachher auch gut schmeckt. Da Gänse traditionell zu St. Martin im November und am Heiligen Abend im Dezember gegessen werden, sollten Sie rechtzeitig an die Bestellung denken.

Selbstverständlich kann man heute problemlos sowohl ein ganzes Tier als auch nur Teile von der Gans, wie die Keule oder die Brust, kaufen, frisch oder tiefgekühlt. Bei Gänsen aus der Tiefkühltruhe sollten Sie darauf achten, dass sich kein Gefrierbrand gebildet hat.

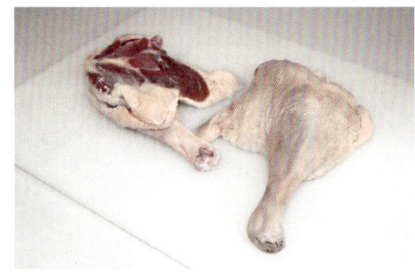

Gänsekeule

Die Innereien der Gans, das sogenannte „Gänseklein", werden meistens bei der Zubereitung mitverwendet.

Gänseleber

Aufbewahrung

Bei frischem Geflügel gilt immer die Faustregel: im Kühlschrank und nicht länger als 2 Tage aufbewahren. Gänse werden in der Regel mit den Innereien verkauft. Diese werden meist in einem Plastikbeutel in der Gans mitgeliefert. Vor allem bei Tiefkühlware sollten Sie unbedingt daran denken, diesen Plastikbeutel zu entfernen.

Die Innereien aus der Gans entfernen und das Tier von innen und außen waschen und trocken tupfen. Anschließend zugedeckt in einem Bräter oder in Klarsichtfolie gewickelt kühl stellen. Gänse passen oft nicht in den Kühlschrank, können aber bei der entsprechenden Temperatur auch im Freien aufbewahrt werden. Tiefkühlgeflügel muss immer im Kühlschrank aufgetaut werden.

Gans parieren:

1. Innereien entfernen
Das Gänseklein wird in der Regel vom Bauer oder Metzger in einen Plastikbeutel gefüllt und in das Innere der Gans gelegt.

2. Fett entfernen
Am unteren und oberen Ende der Gans befindet sich sehr viel Fett, das Sie entfernen sollten. Werfen Sie es nicht weg, denn daraus können Sie z. B. Gänseschmalz herstellen.

3. Hals entfernen
Sprechen Sie mit dem Bauern oder Metzger ab, ob Sie die Gans mit oder ohne Hals wünschen. Den Hals selbst zu entfernen, ist aber auch kein Problem: Schneiden Sie die Haut zunächst entlang des Halses ein und ziehen Sie diese in Richtung Körper. So wird der Hals freigelegt, den Sie dann zwischen zwei Halsknochen durchtrennen können. Anschließend klappen Sie die Haut des Halses nach oben auf den Körper, wo sie im Backofen schön knusprig wird.

4. Flügel stutzen
Abstehende Flügelteile werden nicht verzehrt, weshalb Sie die Flügel etwas stutzen können. Dazu können Sie die Flügel bei der Hälfte abbrechen und an der Bruchstelle zwischen den Gelenken durchschneiden.

5. Fettdrüse entfernen
Da sich in der Fettdrüse, dem "Bürzel", traniges Fett sammelt, mit dem die Gans ihr Gefieder einfettet, sollten Sie diese eng am Knochen abschneiden.

6. Federkiele entfernen
Kontrollieren Sie, ob noch Federkiele vorhanden sind, und entfernen Sie diese mit der Hand, einem Messer oder einer Fischzange.

Nun können Sie die Gans füllen und verschließen.

Füllungen für Ente, Gans & Pute

Gans füllen und zubinden:

Wenn Sie keine Füllung für die Gans haben, dann füllen Sie das Tier zumindest mit ganzen gewaschenen Äpfeln. Diese stützen die Gans nicht nur von innen, sodass sie nicht in sich zusammenfällt, sondern sie haben noch eine besondere Eigenschaft. Die Äpfel saugen das überschüssige Fett der Gans in sich auf und können nach dem Braten entsorgt werden. So landet das Fett nicht in Ihrer Soße.

Wenn Sie die Gans mit einer beliebigen Füllung gefüllt haben, können Sie diese mit ein paar kleinen Holzspießen und Küchengarn ganz einfach zubinden. Hierzu halten Sie an der Öffnung die Haut zusammen und durchstechen sie bis ganz unten in 1–2 cm Abstand mit kleinen Holzspießen. Dann nehmen Sie das Küchengarn in der Mitte und legen ihn mit der Mitte hinter den oberen kleinen Holzspieß. Legen Sie nun den Faden über Kreuz zu dem nächsten kleinen Holzspieß und so weiter. Schließlich binden Sie den Faden wie einen Schnürsenkel. Wenn Sie nicht sicher sind, ob die Öffnung fest genug verschlossen ist, binden Sie den Faden genauso wieder nach oben und machen zum Schluss einen Doppelknoten. Eventuell müssen Sie die Gans auch am oberen Ende zubinden.

Jetzt ist Ihre Gans bratfertig.

Falls Sie mehrere Gänse auf einmal im Ofen braten, können Sie auch die Flügel und die Beine mit dem Küchengarn an den Körper binden, damit diese sich beim Erhitzen nicht abspreizen.

Ente, Gans und Pute garen:

Den Backofen auf 180–200 °C vorheizen. Das Tier mit der Brust nach oben auf einen Rost legen und in den Ofen schieben. In eine Fettfangschale je nach Größe des Tieres 150–500 ml Flüssigkeit (z. B. Wasser oder Fond) gießen und direkt unter den Rost schieben. Die Ente 1,5–2 Stunden (Gans und Pute: 2,5–3 Stunden) braten. Dabei hin und wieder etwas Flüssigkeit angießen und das Tier ca. alle 15 Minuten mit dem Bratensud bepinseln bzw. begießen. Die Ente/Gans/Pute ist fertig, wenn sie eine schöne, knusprig-goldbraune Haut hat.

Apfel-Kräuter-Füllung

Zutaten:
2 Äpfel (Boskop)
100 g Backpflaumen,
eingeweicht und entsteint
2 TL Liebstöckel, gehackt
2 TL Petersilie, gehackt

Zubereitung:
Äpfel schälen, Gehäuse entfernen und in Würfel schneiden.
Mit den Backpflaumen, dem
Liebstöckel und der Petersilie
vermengen.

Obstfüllung

Zutaten:
2 Äpfel, 100 g Dörrpflaumen
2 Birnen, 2 Orangen
100 g Rosinen, Saft von
1 unbehandelten Zitrone
100 g Semmelbrösel, 1 Ei

Zubereitung:
Äpfel, Birnen und Orangen
schälen und in kleine Stücke
schneiden. Mit den Dörrpflaumen und den Rosinen vermengen, mit Zitronensaft abschmecken und mit Semmelbröseln
und Ei binden.

Deftige Füllung für Festtagsbraten

Zutaten:
5 g Steinpilze
250 g Weißbrot in Scheiben
50 g Geflügelfleisch
25 g Schweinefleisch
25 g Bauchspeck
50 ml Weißwein
3 EL Korinthen, 15 g Butter
35 g Schweinespeck,
geräuchert
1 Schalotte, 50 g Lauch
1 EL Petersilie, gehackt
40 g Walnusskerne, gehackt
Salz, Pfeffer, Muskat, 2 Eier

Zubereitung:
Steinpilze etwa 2 Stunden in
kaltem Wasser einweichen. Die
Rinde der Weißbrotscheiben
entfernen und den Rest in Würfel schneiden. Das Geflügelfleisch, Schweinefleisch und
den Speck durch die mittlere
Scheibe des Fleischwolfs drehen. Den Weißwein mit den
Korinthen aufkochen. Butter
erhitzen und Weißbrotwürfel
darin rösten. Den geräucherten
Speck in Streifen schneiden, die
Schalotte schälen und würfeln
und den Lauch putzen und in
Streifen schneiden. Petersilie
abwaschen und trocken schütteln. Steinpilze, Brotwürfel, abgetropfte Korinthen, Speckstreifen, Schalotte, Lauch, Petersilie
und Walnusskerne miteinander
vermengen und kurz andünsten. Anschließend gründlich
unter die Fleischmasse mischen,
mit Salz, Pfeffer und Muskat
würzen und mit den Eiern binden. 30 Minuten ziehen lassen.

Deftig-rustikale Füllung

Zutaten:
Innereien (Leber und Herz)
2 altbackene Brötchen
⅛ l Milch, 100 g Speck,
durchwachsen, 1 Stange Lauch
200 g Champignons
1 kleine Dose Zuckermais
1 Bund Petersilie, 3 Eier
50 g geriebener Hartkäse
Salz, Pfeffer

Zubereitung:
Die Innereien klein würfeln und
beiseitestellen. Die Brötchen
klein würfeln. Die Milch erwärmen, Brotwürfel dazugeben und
10 Minuten ziehen. Schwarte
und Knorpeln vom Speck entfernen und den Speck in kleine
Würfel schneiden. Lauch putzen, waschen und fein schneiden. Pilze putzen, die Stielenden
entfernen und die Pilze in feine
Scheiben schneiden. Speck in
einer Pfanne bei mittlerer Hitze
leicht knusprig anbraten, Pilze,

Lauch, Leber und Herz unterrühren und erneut kurz anbraten. Die Mischung in eine Schüssel geben und den Mais hinzufügen. Petersilie waschen, trocken schütteln, die Blättchen abzupfen und fein hacken. Die Brötchen aus der Milch nehmen, ausdrücken und fein zerpflücken. Petersilie, Brötchen, Eier und Käse zu den anderen Zutaten in die Schüssel geben, alles mit Salz und Pfeffer würzen und gut durchmischen.

Hefeteig-Füllung

Zutaten:
320 g Mehl, 20 g Hefe
80 ml Milch, 10 g Butter
1 Ei, 1 Eigelb, Salz, 40 g Zucker
100 g Aprikosen, getrocknet
100 g Orangenscheiben, getrocknet, 50 g Rosinen
70 g Mandelblättchen

Zubereitung:
Das Mehl in eine Schüssel sieben. Die Milch erwärmen und die Hefe unter Rühren darin auflösen. Die Butter schmelzen lassen und mit Ei, Eigelb, Salz und Zucker vermengen. Hefemilch und Buttermischung zum Mehl geben und alles zu einem glatten Teig kneten. Anschließend ca. 30 Minuten gehen lassen. In der Zwischenzeit Aprikosen und Orangenscheiben klein schneiden und mit den Rosinen und den Mandelblättchen unter den Teig kneten.

Maronen-Innereien-Füllung

Zutaten:
Innereien (Leber, Herz, Magen)
2 altbackene Brötchen
⅛ l warme Milch
10 g Butter, 1 Zwiebel
250 g Maronen
Salz, Pfeffer, Muskat, Majoran
1 Ei

Zubereitung:
Brötchen in eine Schüssel geben, mit der warmen Milch übergießen und einweichen lassen. Die Innereien in feine Scheiben schneiden. Die Butter in einer Pfanne erhitzen, die Innereien braten und zu den eingeweichten Brötchen geben. Zwiebel fein hacken, in Butter glasig andünsten und dazugeben. Die Maronen kreuzweise einschneiden und im Ofen backen, bis sie sich schälen lassen, dabei das Befeuchten nicht vergessen. Anschließend die Maronen glasieren und ebenfalls zu den Brötchen geben. Die Füllung mit Salz, Pfeffer, Muskat und Majoran würzen und mit Ei binden.

Füllung nach Pommernart

Zutaten:
3 Äpfel, 200 g Backpflaumen, eingeweicht und entsteint
2 EL Zucker
½ TL Zimt, gemahlen
4 EL Schwarzbrot, gerieben
2 EL Weinbrand

Zubereitung:
Die Äpfel schälen, das Gehäuse entfernen und in Scheiben schneiden. Apfelscheiben in eine Schüssel geben und mit Backpflaumen, Zucker, Zimt, Schwarzbrot und Weinbrand vermengen.

Weintrauben-Hackfleisch-Füllung

Zutaten:
250 g Hackfleisch vom Schwein
30 g Putenleber, 1 Ei
250 g Butter, 1 Zwiebel
125 g grüne Weintrauben
½ EL Thymian und Beifuß
½ EL Schnittlauch und Petersilie
Salz, Pfeffer

Zubereitung:
Hackfleisch mit Salz, Pfeffer, Thymian und Beifuß würzen und das Ei unterkneten. Die Putenleber unter fließend kaltem Wasser abwaschen, trocken tupfen und klein schneiden. Zwiebel schälen und in feine Würfel schneiden. Die Butter in einer Pfanne schmelzen und Leber und Zwiebelwürfel darin anbraten. Weintrauben waschen, gut abtropfen lassen, halbieren und entkernen. Die Trauben mit der klein geschnittenen Leber, Schnittlauch und Petersilie zum Hackfleisch geben und alles gut vermengen.

Maritime Krebs-Füllung

Zutaten:
2 altbackene Brötchen
⅛ l warme Milch, 1 Zwiebel
1 EL Petersilie, gehackt
100 g Champignons
50 g Krebsbutter
100 g Krebsfleisch
Salz, Pfeffer, Muskat, 1 Ei

Zubereitung:
Brötchen in eine Schüssel geben, mit der warmen Milch übergießen und einweichen lassen. Zwiebel schälen und hacken. Zwiebel, Petersilie, fein in Scheiben geschnittene Champignons, Krebsbutter, klein geschnittenes Krebsfleisch vermengen, mit Salz, Pfeffer und Muskat würzen und mit Ei binden.

Pilzfüllung mit Chili und Limette

Zutaten:
2 altbackene Brötchen
⅛ l Milch, 250 g Champignons
2 EL Butter, 1 Bund Frühlingszwiebeln, 1 unbehandelte Limette, 1 rote Chilischote
1 Stück Ingwer
¼ Bund Koriandergrün
2 Eier, Salz, Pfeffer

Zubereitung:
Die Brötchen klein würfeln. Die Milch erwärmen, Brotwürfel dazugeben und 10 Minuten ziehen lassen. Die Pilze putzen, die Stielenden entfernen und die Pilze in ½ cm dicke Scheiben schneiden. Butter in einer Pfanne erhitzen und Pilze 3–4 Minuten braten. Frühlingszwiebeln waschen, putzen und in feine Ringe schneiden. Die Limette heiß abwaschen, abtrocknen und die Schale fein abreiben. Chilischote waschen, den Stielansatz entfernen und die Chili mit den Kernen in feine Ringe schneiden. Ingwer schälen und fein hacken. Koriander waschen, trocken schütteln und die Blättchen fein schneiden. Alle Zutaten zusammen mit den Eiern in eine Schüssel geben, mit Salz und Pfeffer würzen und kräftig durchkneten.

Asia-Füllung

Zutaten:
30 g Ingwerknolle
1 unbehandelte Orange
1 Zwiebel, 3 g Anisgewürz
50 g Zitronengras, klein geschnitten, 1 Lorbeerblatt
1 Bund Korianderkraut

Für die Glasur:
10 g Malzzucker, 2 EL Reisessig
2 TL Mirin (süßer Reiswein)

Zubereitung:
Ingwer und Zwiebel schälen und in Würfel schneiden. Orange mit Schale in Würfel schneiden. Die Würfel in eine Schüssel geben und Anisgewürz, Zitronengras, Lorbeerblatt und Korianderzweige dazugeben. Alles miteinander vermengen. Für die Glasur den Malzzucker mit dem Reisessig und dem Mirin aufkochen und das Geflügel damit bestreichen.

Beilagen für Ente, Gans & Pute

Kartoffelknödel

Zutaten für 4 Personen:
800 g mehligkochende
Kartoffeln, 1 EL Butter
1 Ei, 1 EL Kartoffelstärke
Salz, Pfeffer, Muskatnuss,
gemahlen

Zubereitung:
Die Kartoffeln gründlich abbürs-
ten und waschen. In reichlich
Salzwasser aufsetzen und zum
Kochen bringen. Bei geschlos-
senem Deckel ca. 20 Minuten
köcheln lassen und abgießen.
Die Kartoffeln abpellen und
durch eine Presse drücken. Die
Butter schmelzen und mit dem
Ei zu den Kartoffeln geben.
Die Kartoffelstärke nach und
nach einarbeiten und das
Ganze mit Salz, Pfeffer und
Muskatnuss würzen. Aus dem
Teig 12 Knödel formen und in
reichlich heißem Salzwasser
zehn Minuten ziehen lassen.

Semmelknödel

Zutaten für 4 Personen:
½ Bund Petersilie
1 Zwiebel, 1 EL Butter
3 Eier, 250 ml Milch
300 g Knödelbrot
2 EL Mehl, Salz, Pfeffer

Zubereitung:
Die Petersilie abbrausen, trocken schütteln, die Blätter von
den Stielen zupfen, die Zwiebel
schälen und beides hacken.
Die Butter in einer Pfanne
schmelzen und die Zwiebel
darin andünsten. Die Eier
mit der Milch verquirlen und
die Petersilie dazugeben. Die
Eiermischung und die Zwiebel
über das Knödelbrot geben,
unterrühren und etwas ruhen
lassen. Das Mehl einarbeiten
und mit Salz und Pfeffer abschmecken. Aus der Masse
Knödel formen und diese in
siedendem Salzwasser 15–
20 Minuten gar ziehen lassen.

Kartoffelpüree

Zutaten für 4 Personen:
1 kg mehligkochende Kartoffeln
ca. 150 ml Milch (je nach Sorte und Alter der Kartoffeln)
1 EL Butter, 1 TL Salz, 1 Prise Pfeffer, 1 Prise Muskatnuss, gemahlen

Zubereitung:
Die Kartoffeln schälen, waschen und je nach Größe halbieren oder vierteln. In reichlich Salzwasser aufsetzen und zum Kochen bringen. Bei geschlossenem Deckel ca. 20 Minuten köcheln lassen und abgießen. Die Kartoffeln durch die Kartoffelpresse drücken und danach nochmals mit dem Stampfer zu Mus drücken. Achtung: Niemals den Pürierstab dafür verwenden, da das Püree sonst klebrig wird!

Serviettenknödel

Zutaten für 6–8 Personen:
4–5 altbackene Brötchen
1 kleine Zwiebel, 80 g Butter
375 ml Milch, 4–5 Eier
1 Bund Petersilie, gehackt
Salz, Pfeffer, Muskatnuss, gemahlen, Geschirrhandtuch

Zubereitung:
Die Brötchen in Scheiben schneiden und in eine große Schüssel geben. Die Zwiebel würfeln. Die Butter in einem Topf erhitzen und die Zwiebelwürfel darin andünsten. Die Milch dazugeben und heiß werden lassen. Das Milch-Gemisch über die Brötchen geben und gut miteinander verrühren. Eier und Petersilie hinzufügen. Mit Salz, Pfeffer und Muskatnuss abschmecken und ca. ½ Stunde durchziehen lassen. In einem großen Topf Wasser zum Kochen bringen, Salz hinzufügen. Währenddessen den Brötchenteig auf ein nasses Geschirrtuch geben. Das Geschirrtuch in der Mitte zusammenbinden und mit den Enden des Geschirrhandtuchs einen Kochlöffel fest einbinden. Den Kochlöffel so auf den Topf mit dem Salzwasser legen, dass der Knödel vom Salzwasser bedeckt wird. Bei schwacher Hitze etwa 40 Minuten garen. Vor dem Servieren in Scheiben schneiden.

Die Milch zusammen mit der Butter, dem Salz, Pfeffer und Muskatnuss in einem Topf kurz aufkochen. Das Milchgemisch nach und nach auf die gestampften Kartoffeln geben. Dabei mit einem Schneebesen kräftig schlagen. Wenn das Püree die gewünschte Konsistenz erreicht hat, mit Salz, Pfeffer und Muskatnuss abschmecken.

Variante:

Im Handumdrehen können Sie dem klassischen Kartoffelpüree interessante Geschmacksnoten verleihen. Fügen Sie dem Grundrezept bis zu 250 g andere Geschmackszutaten hinzu. So z. B.:

• gehackte Nüsse oder Kräuter
• klein geschnittenes Gemüse
• gedünstete Zwiebeln, Pilze oder Speck
• geriebenen Parmesan
• Blattspinat

Tipp: Kartoffelpüree schmeckt am besten frisch. Es lässt sich weder gut aufwärmen noch gut warm halten. Aus den Resten kann man Kroketten zubereiten.

Schlosskartoffeln

Schlosskartoffeln kommen aus der klassischen Küche. Traditionell haben sie die Form von Taubeneiern oder Halbmonden. Am einfachsten hat man es aber, wenn man schmale, längliche Kartoffeln verwendet und sie je nach Größe halbiert oder viertelt.

Zutaten für 4 Personen:
1 kg Kartoffeln, 60 g Butter, Salz, ½ Bund Petersilie, fein gehackt

Zubereitung:
Die Kartoffeln waschen, schälen und in die gewünschte Form schneiden. Die Butter in einer erhitzten Pfanne schmelzen lassen und die Kartoffeln darin langsam goldbraun braten. Die Schlosskartoffeln mit Salz und Petersilie bestreuen.

Tipp: Wer mag, kann die Kartoffeln vor dem Braten blanchieren. Das sollte man am besten am Vortag machen, damit die Kartoffeln vollständig trocken sind und schön knusprig werden können.

Nudeln

Zu Gerichten mit Enten-, Gänse-, Puten- oder Truthahnfleisch passen alle Arten von Bandnudeln am besten, z. B. Tagliolini, Tagliatelle, Fettuccine oder Mafaldine. Als Faustregel gilt: Je deftiger und reichhaltiger das Gericht, desto größer und dicker sollten die Nudeln sein.

Rotkraut

Zutaten für 6 Personen:
1 kg Rotkohl, 1 Zwiebel
2 EL Butterschmalz, 2 EL Zucker
100 ml Essig, 200 ml Rotwein
100 ml Apfelsaft, 1 Prise Gewürznelke, 1 Lorbeerblatt
5 Wacholderbeeren, ½ EL gemahlener Zimt, 1 Apfel, 1 EL Johannisbeergelee, Salz, Pfeffer

Zubereitung:
Den Rotkohl vom Strunk befreien, die Blätter in feine Streifen schneiden und waschen. Die Zwiebel schälen und in kleine Würfel schneiden. Das Butterschmalz in einem großen Topf zerlassen und den Zucker darin karamellisieren lassen. Die Zwiebelwürfel in das Karamell geben, das Rotkraut hinzufügen und alles gut verrühren. Den Essig, den Rotwein, den Apfelsaft und die Gewürze dazugeben. Den Apfel klein schneiden und unter das Rotkraut mischen. Bei mittlerer Hitze 40 Minuten köcheln lassen. Dabei gelegentlich rühren. Das Johannisbeergelee unter das Rotkraut mischen und mit Salz und Pfeffer abschmecken.

Hagebutten-Rosinen-Kompott

Dieses Kompott passt sehr gut zu Ente und Pute, ganz besonders aber zur Gans. Es ist in der Herstellung etwas zeitaufwändig, jedoch lohnt sich die Mühe, denn es bietet eine außergewöhnliche Gaumenfreude.

Zutaten:
700 g frische Hagebutten
250 ml Rotwein
100 g Zucker
250 g Rosinen

Zubereitung:
Die Hagebutten waschen, entstielen und entkernen. 125 ml Wasser, Rotwein und Zucker zusammen aufkochen. Die Hagebutten und Rosinen dazugeben und die Hagebutten in diesem Sud ca. 15 Minuten garen.

Blanchiertes Gemüse

Die klassischen Gemüsesorten zu Ente, Gans und Pute sind grüne Bohnen, Zuckerschoten und die verschiedenen Kohlarten wie Brokkoli, Rosen- oder Blumenkohl. Man kann sie entweder mit einer Soße zubereiten oder blanchieren, d. h. kurz in sprudelnd kochendes Salzwasser tauchen. Blanchieren hat den Vorteil, dass das Gemüse noch einen großen Teil seiner wertvollen Vitamine behält, was bei einer längeren Kochzeit nicht der Fall ist.

Anschließend sollte man das Gemüse in Eiswasser abschrecken, damit der Garprozess sofort unterbrochen wird. So bleibt das Gemüse knackig und bissfest und behält seine schöne kräftige Farbe. In der folgenden Tabelle finden Sie die ungefähren Blanchier-Zeiten für die unterschiedlichen Gemüsesorten.

Tipp: Der Blanchiersud eignet sich bestens als Basis für eine Suppe oder Soße, weil sowohl Geschmacks- als auch gesunde Inhaltsstoffe des Gemüses darin gelöst sind.

Gemüsesorte	Minuten
Blumenkohl (in Röschen)	2–3
Brokkoli (in Röschen)	2–3
Grüne Bohnen	2–3
Kohlrabi (in Scheiben)	2–3
Rosenkohl	3
Wirsingkohl (in Streifen)	2
Zuckerschoten	1–2

Martinsgans
mit Karamell-Wirsing

Zutaten für 4–6 Personen:

1 küchenfertige Gans mit Leber, ca. 4 kg
Salz
Pfeffer, frisch gemahlen
1 Wirsing, ca. 1 kg
250 g Toastbrot
50 g Soft-Aprikosen, getrocknet
100 ml heiße Milch
2 Eier

500 ml Geflügelbrühe
ca. 100–150 ml Weißwein
1–2 EL Zuckerrübensirup
dunkler Soßenbinder, instant
1 EL Butter
1 EL Sirup mit Karamellgeschmack,
z. B. Grafschafter Karamell
Küchengarn oder kleine Holzspieße

1. Den Backofen auf 180 °C (Umluft 160 °C) vorheizen. Die Gans von innen und außen unter fließend kaltem Wasser abwaschen, mit Küchenkrepp trocken tupfen und mit Salz und Pfeffer würzen.

2. Die Wirsingblätter ablösen, waschen, putzen, in kochendem Salzwasser kurz blanchieren, gut abtropfen lassen und ¼ der ausgedrückten Blätter in Streifen schneiden.

3. Das Toastbrot und die Aprikosen in Würfel schneiden, das Toastbrot mit der heißen Milch übergießen und kurz ziehen lassen. Die Gänseleber unter fließend kaltem Wasser abwaschen, mit Küchenkrepp trocken tupfen und klein schneiden. Mit den Wirsingstreifen, Eiern, Toast- und Aprikosenwürfeln gut vermischen.

4. Die Füllung in die Gans geben, die Öffnung mit Küchengarn oder kleinen Holzspießen verschließen, die Gans in einen Bräter legen und im Backofen ca. 2 ½–3 Stunden braten. Nach 30 Minuten Garzeit die Brühe angießen.

5. Die Gans nach Ablauf der Garzeit aus dem Bräter nehmen und warm stellen. Den Bratenfond entfetten, mit dem Wein auf ca. 500 ml auffüllen, den Zuckerrübensirup hineinrühren, aufkochen und mit etwas Soßenbinder andicken.

6. Den restlichen Wirsing in feine Streifen schneiden. Die Butter in einer großen Pfanne erhitzen, Den Sirup mit Karamellgeschmack hinzufügen und auflösen. Die Wirsingstreifen kurz darin schwenken und mit Salz und Pfeffer abschmecken.

7. Die Gans in Stücke und die Füllung in Scheiben schneiden, mit der Soße und den Wirsingstreifen auf Tellern anrichten und servieren.

Tipp

Dazu schmecken Kartoffelknödel.

Zutaten für 6 Personen:

1 küchenfertige Gans, ca. 3,5 kg
Salz, Pfeffer, frisch gemahlen
1 Zwiebel, 60 g Pflanzencreme,
z. B. von Bertolli
1 Brötchen, 1 feste Birne

400 g geschälte Maronen, vakuum-
verpackt
4 EL Kräuter, gehackt
3 EL Olivenöl
Soßenbinder, instant, nach Belieben
Holzspieße

Gänsebraten
mit Maronenfüllung

1. Die Gans von innen und außen unter fließend kaltem abwaschen und mit Küchenkrepp trocken tupfen. Mit Salz und Pfeffer kräftig würzen.

2. Die Zwiebel schälen und in ca. 1 cm große Würfel schneiden. In der heißen Pflanzencreme andünsten. Das Brötchen ebenfalls würfeln, hinzufügen und goldgelb braten. Zwiebel- und Brotwürfel in eine Schüssel geben. Den Backofen auf 200 °C (Umluft 180 °C) vorheizen.

3. Die Birne waschen, vierteln, vom Kerngehäuse befreien und würfeln. Die Maronen grob zerkleinern. Mit den Kräutern und Birnenwürfeln zu den Zwiebel- und Brotwürfeln geben, alles gut vermischen und mit Salz und Pfeffer pikant abschmecken. Die Gans damit füllen und die Bauchöffnung mit Holzspießen zustecken. Die Gans mit dem Olivenöl bestreichen und mit der Brustseite nach unten in einen großen Bräter legen.

4. Die Gans im heißen Backofen ca. 45 Minuten braten. Wenn die Brust Farbe angenommen hat, die Gans umdrehen, ½ l Wasser angießen und die Gans weitere 2 Stunden braten.

5. Mit einem Holzspieß die Haut zwischen den Schenkeln einstechen, damit das Fett austreten kann. Die Gans in regelmäßigen Abständen mit dem Bratfond übergießen. Eventuell etwas Wasser nachgießen.

6. Die Gans aus dem Bräter nehmen und auf einer vorgewärmten Platte anrichten. Das Fett abgießen, den Bratensatz mit etwas Wasser loskochen, nach Belieben den Soßenbinder einrühren und die Soße damit binden. Zur Gans servieren.

Tipp

Dazu passt glasierter Staudensellerie. Wer's klassisch mag, serviert dazu Semmelknödel und Rotkraut.

Sanft gegarte
Weihnachtsgans

1. Eventuell beigepackte Innereien entfernen. Die Gans von innen und außen unter fließend kaltem Wasser abwaschen und mit Küchenkrepp trocken tupfen. Den Backofen auf 100 °C vorheizen.

2. Für die Füllung die Brötchen in Würfel schneiden und die erhitzte Milch über die Brotwürfel gießen. Die Äpfel waschen, vierteln, entkernen und in grobe Stücke schneiden. Die Petersilie waschen, trocken schütteln und klein hacken. Aus Brotwürfeln, Apfelstücken, den Eiern und der Petersilie eine Masse herstellen und mit Muskatnuss, Salz und Pfeffer abschmecken.

3. Die Gans innen salzen, pfeffern, mit der vorbereiteten Masse füllen und mit den Holzspießen verschließen. Die Haut der Gans kräftig salzen.

4. Das Butterschmalz in einem Bräter erhitzen. Die Gans ca. ½ Stunde anbraten. Zuerst mit der Brustseite nach unten, dann wenden und weiter anbraten. Den Beifuß hinzufügen. Das Bratenthermometer im Fleisch an den Schenkelinnenseiten platzieren. Darauf achten, dass die Spitze des Thermometers den Knochen nicht berührt. Die Gans auf einem Ofengitter 8–9 Stunden auf der unteren Backofenschiene garen. Die Kerntemperatur sollte 85–90 °C erreichen. Die Gans immer wieder mit dem Bratfett übergießen. Nach ca. 3 Stunden wenden.

5. Für die Glasur das Quittengelee mit der Worcestersoße und dem Senf verrühren und mit dem Chilipulver abschmecken. In der letzten Bratstunde die Gans immer wieder mit der Glasur bepinseln. Nach der Garzeit den Ofen ausschalten und die Gans noch etwas ruhen lassen. Richten Sie die Gans auf einer Platte an. Die Füllung ist die Beilage.

Zutaten für 6 Personen:

1 küchenfertige Gans, ca. 3 kg
100 g Butterschmalz
1 EL Beifuß, getrocknet
Salz
Pfeffer
Holzspieße

Für die Füllung:
3 altbackene Brötchen
180 ml Milch
2 große Äpfel, 2 Eier
1 Bund Petersilie, Salz
Pfeffer, Muskatnuss,
gemahlen

Für die Glasur:
3 EL Quittengelee
6 TL Worcestersoße
6 TL scharfer Senf
Chilipulver nach Belieben

Tipp

Die Gans auf Orangen-
scheiben anrichten und
mit Rotkraut servieren.

Tipp

Dazu schmeckt Rotkraut.

Gänsekeule
auf Lebkuchen-Rotwein-Soße

Zutaten für 4 Personen:

4 Gänsekeulen à ca. 500 g
100 g Räucherspeck in Scheiben
Salz
schwarzer Pfeffer
Beifuß
2 Äpfel
1 Packung (= 750 g) Kartoffelklöße,
z. B. von Henglein
⅛ l Rotwein

abgeriebene Schale von 1 unbehandelten
Orange
1 EL Sauerkirsch-Konfitüre
100 g saure Sahne
100 g Lebkuchen oder Soßenlebkuchen
500 ml Milch
1 Msp. Zucker
glatte Petersilie zum Garnieren

1. Den Backofen auf 180–200°C (Umluft 160–180°C) vorheizen. Den Boden einer Backofen-Fettpfanne mit den Speckscheiben belegen. Die Gänsekeulen unter fließend kaltem Wasser abwaschen und mit Küchenkrepp trocken tupfen. Mit Salz, Pfeffer und Beifuß einreiben und auf den Speck legen.

2. Die Äpfel waschen, entkernen, in Scheiben schneiden, um die Keulen legen und im Backofen ca. 1 Stunde braten. Ab und zu mit etwas Bratensatz übergießen.

3. In der Zwischenzeit aus dem Kloßteig nach Packungsanweisung die Kartoffelklöße formen und zubereiten.

4. Die Gänsekeulen aus dem Bratfond nehmen. Den Bratensatz mit etwas Wasser loskochen und den Rotwein dazugießen. Die Orangenschale in die Soße rühren und aufkochen. Die Konfitüre und die Sahne hineinrühren.

5. Den Lebkuchen klein schneiden und mit der Milch vermengen. Mit dem Pürierstab mixen, bis eine cremige Soße entsteht. Unter die Rotweinsoße rühren und mit dem Zucker, Salz und Pfeffer abschmecken.

6. Die Gänsekeulen auf Tellern anrichten, mit der Soße übergießen und mit den Kartoffelklößen servieren. Mit glatter Petersilie garnieren.

Gänsekeulen

Zutaten für 4 Personen:

4 Gänsekeulen à ca. 500 g
½ TL Salz
2 Zwiebeln
1 EL Pfefferkörner

1 EL Wacholderbeeren
4 EL Zucker
50 g Gänseschmalz
Salz, Pfeffer

1. Die Zwiebeln schälen und vierteln. Die Gänsekeulen unter fließend kaltem Wasser abwaschen und mit Küchenkrepp trocken tupfen. Mit einem scharfen Messer an den Keulenenden die Haut rund um den Knochen einschneiden. Die Haut zieht sich dann gleichmäßiger zusammen.

2. In einem großen Topf ca. 5 l Wasser mit den Zwiebeln, Pfefferkörnern, dem Salz, den Wacholderbeeren und 2 EL Zucker zum Kochen bringen. Die Keulen hinzufügen, sie sollen mit Wasser bedeckt sein. Etwa 2 Stunden köcheln lassen.

3. Die Keulen in der Brühe abkühlen lassen. Am einfachsten über Nacht im Kühlschrank stehen lassen. Am nächsten Tag das Fett abschöpfen, die Keulen auf Küchenkrepp legen und trocken tupfen.

4. Das Gänseschmalz in einer großen Pfanne erhitzen. Die abgetrockneten Keulen mit Salz und Pfeffer würzen, in dem heißen Schmalz anbraten und mit 1 EL Zucker bestreuen. Die Keulen wenden, anbraten, mit einem weiteren Esslöffel Zucker bestreuen und braten, bis sie schön braun sind.

5. Wer eine Soße mag, kann ¼ l von der Gänsebrühe in dem Bratensatz aufkochen. 1 EL Instant-Soßenpulver einrühren und wenn die Soße nicht zu dünn sein soll, ein halbes trockenes Brötchen darin einweichen und das Ganze zum Schluss mit einem Pürierstab zerkleinern. Mit frisch gemahlenem Pfeffer und Honig abschmecken.

Tipp

Wer möchte, kann aus der restlichen Gänsebrühe eine Suppe zubereiten. Auf jeden Fall muss vorher das Fett abgeschöpft werden, denn die restliche Brühe ist immer noch sehr fett.

Zutaten für 4 Personen:

1 kg Gänseleber
½ l Milch
50 g Butterschmalz
Salz, Pfeffer, frisch gemahlen
1 roter Apfel
3 Frühlingszwiebeln

1 kg mehligkochende Kartoffeln
1 kleine Sellerieknolle, ca. 500 g
1 Bund Petersilie
Muskatnuss, gemahlen
Röstzwiebeln zum Garnieren

Gänseleber
mit Sellerie-Kartoffelpüree

1. Die Leber von Fett und Sehnen befreien, unter fließend kaltem Wasser abwaschen und mit Küchenkrepp trocken tupfen. Die Leberstücke anschließend in ¼ l kalte Milch legen.

2. Die Kartoffeln waschen, schälen und in Viertel schneiden. Zusammen mit 1 TL Salz mit kaltem Wasser aufsetzen und zum Kochen bringen.

3. Den Sellerie schälen, waschen und in Scheiben schneiden. Auf die kochenden Kartoffelstücke legen und zusammen mit den Kartoffeln weich kochen.

4. Die restliche Milch erwärmen. Von den fertiggekochten Kartoffeln das Wasser abgießen. Mit dem Schneebesen Kartoffeln und Sellerie pürieren, dabei nach und nach die warme Milch zugeben. Mit Salz, Pfeffer und Muskatnuss abschmecken.

5. In einer großen Pfanne das Butterschmalz erhitzen. Die Leber mit Küchenkrepp trocknen und in dem heißen Butterschmalz in ca. 5 Minuten von beiden Seiten braten. Die Leber herausnehmen und auf einen vorgewärmten Teller legen.

6. Den Apfel waschen, vierteln und entkernen. Die Viertel der Länge nach in etwa 5 mm dünne Stücke schneiden. Die Frühlingszwiebeln putzen, waschen und in feine Ringe schneiden. Die Zwiebelringe in der Pfanne dünsten und die Apfelstücke dazugeben. Vorsichtig mit einem Pfannenwender die Apfelstücke wenden. Sie sollten zum Servieren noch knackig sein.

7. Die Leberstücke auf Tellern anrichten, mit den Apfelstücken und der frisch geschnittenen Petersilie garnieren. Das Püree in einen Spritzbeutel mit Sterntülle füllen und jeweils auf die Teller spritzen. Mit Röstzwiebeln bestreuen.

Pute & Truthahn

Die Pute gehört zur Familie der Truthühner und ist das größte und schwerste Hausgeflügel. Obwohl sich Putenfleisch größter Beliebtheit erfreut, ist vielen nicht bewusst, dass es sich beim Truthahn um die männliche Form der Pute handelt. Nachdem sie von Spaniern bei den Indianern entdeckt wurden, hat man sie mit nach Europa gebracht, wo sie sich schnell verbreiteten. Putenfleisch ist sehr gesund und gut für die schlanke Linie. Mit einem hohen Anteil an Eiweiß und einem sehr niedrigen Anteil an Fett ist es reich an essenziellen Aminosäuren und wertvollen, mehrfach ungesättigten Fettsäuren. Puten werden nach dem Gewicht unterteilt in leichte Puten, die bratfertig 3,5–5 kg wiegen, mittlere Puten mit 7–10 kg und schwere Puten, die stattliche 10–12,5 kg auf die Waage bringen.

Pute ist als ganzes Tier, als Teilstück, als Putenfleisch oder als fertig verarbeitetes Produkt wie Wurst oder Pastete erhältlich. Ganze Puten werden aber nicht ganzjährig angeboten, sondern in der Zeit von September bis März. Hochsaison für Putenfleisch sind das amerikanische Thanksgiving und Weihnachten.

Während in Amerika an Thanksgiving das Motto gilt „Je größer, desto besser", werden in Deutschland leichte Puten, die sogenannten „Babyputen", bevorzugt.

Die männliche Form der Pute ist der Truthahn.

Teile der Pute

Von der Pute werden die Brust, die Keule, die Flügel und die Leber verwendet. Obwohl alle Teile von demselben Tier stammen, schmecken sie völlig verschieden und sehen auch unterschiedlich aus. Das Fleisch des wahrscheinlich beliebtesten Teils, der Putenbrust, ist weiß, sehr zart und fettarm. Hieraus werden vor allem Schnitzel gemacht. Das Fleisch der Keule hingegen ist dunkel und vom Geschmack her sehr kräftig. Während man Oberschenkel vorwiegend zu Rollbraten oder Füllungen verarbeitet, werden die Unterschenkel am Stück gebraten. Putenflügel werden häufig schon vor dem Verkauf zerlegt und werden gebraten oder gegrillt. Bei Keule und Flügel gilt gleichermaßen: vor dem Garen die Sehnen entfernen. Das sehr starke Aroma der Leber kommt beim Braten am besten zur Geltung. Außerdem wird sie zur Herstellung von Putenleberwurst verwendet.

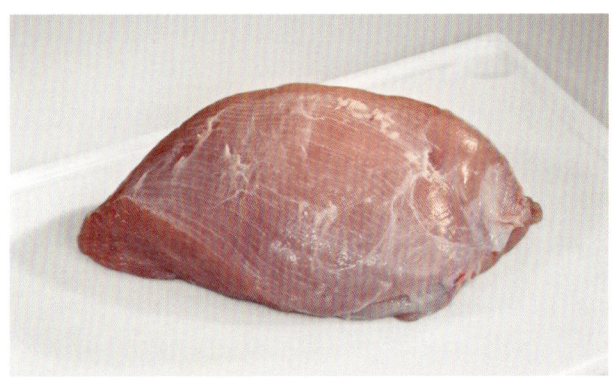

Putenbrust

Putenschnitzel

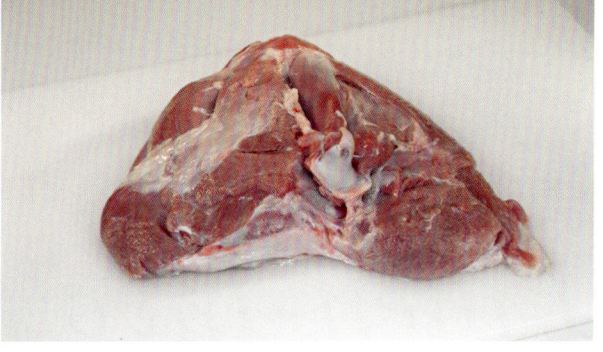

Obere Keule vom Truthahn

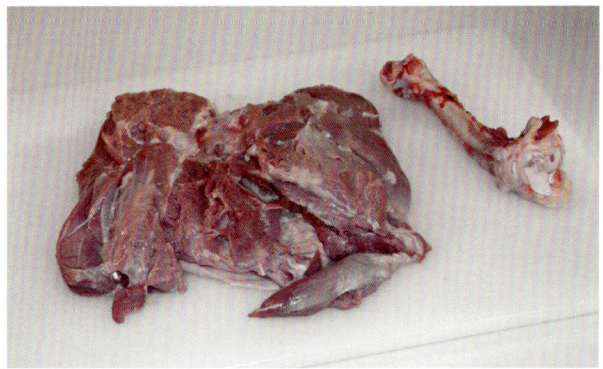

Obere Keule vom Truthahn, entbeint

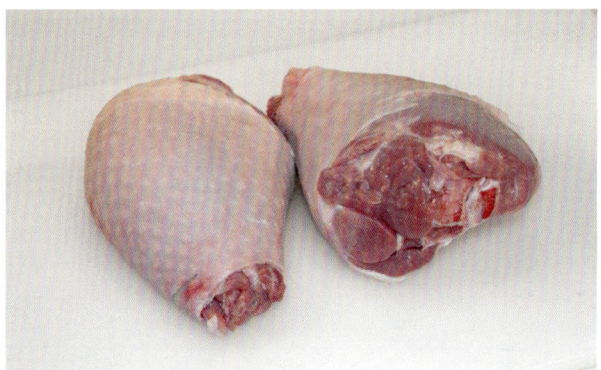

Untere Keule vom Truthahn

Aufbewahrung

Bei der Pute ist es sehr wichtig, dass die Kühlkette bis zum Verbrauch nicht unterbrochen und das Fleisch bei 0–2 °C aufbewahrt wird. Tiefgekühltes Geflügelfleisch immer in einem Gefäß mit Siebeinsatz auftauen und das Auftauwasser wegschütten. Das Wasser darf nicht mit anderen Speisen in Berührung kommen, da bei Geflügelfleisch immer Salmonellengefahr besteht.

Die Pute waschen, trocken tupfen und in einem zugedeckten Bräter im Kühlschrank aufbewahren.

Puten-Involtini
„Basilico"

Zutaten für 6 Personen:

8 kleine Putenschnitzel à ca. 60–80 g, dünn geschnitten	3 EL Weizenmehl
4 Tomaten, getrocknet	200 ml Geflügelfond
1 Glas Basilikum in Öl, z. B. von Fuchs	100 ml süße Sahne
8 Scheiben Parmaschinken	schwarzer Pfeffer, frisch gemahlen
40 g Pinienkerne, gehackt	Meersalz
1 EL Olivenöl	1–2 TL heller Balsamico-Essig
	kleine Holzspieße

1. Die Putenschnitzel unter fließend kaltem Wasser abwaschen, mit Küchenkrepp trocken tupfen und zwischen zwei Lagen Frischhaltefolie leicht flach klopfen. Die getrockneten Tomaten in feine Streifen schneiden.

2. Die Putenschnitzel mit dem Basilikum bestreichen, mit 1 Scheibe Parmaschinken belegen und mit den Tomatenstreifen und Pinienkernen bestreuen. Die Schnitzel wie Rouladen aufrollen und mit kleinen Holzspießen feststecken.

3. Das Öl in einer Pfanne erhitzen, die Involtini rundum mit Mehl bestäuben und in der Pfanne ca. 5–6 Minuten unter Wenden anbraten. Herausnehmen und warm stellen.

4. Den Geflügelfond und die Sahne dazugießen, aufkochen und einkochen lassen. Mit Pfeffer und Meersalz würzen und mit dem Essig verfeinern. Die Involtini in die Pfanne geben und kurz miterhitzen.

Tipp

Dazu passen ein italienischer Salat und geröstetes Weißbrot.

Frühlingssalat *mit* Putenstreifen *und Erdbeeren*

Zutaten für 4 Personen:

4 Putenschnitzel à ca. 125 g
Salz, bunter Pfeffer, 1 EL Öl
400 g Blattsalat, z. B. Kopfsalat,
Eichblatt, Rucola, 250 g Erdbeeren
150 g Käse in Scheiben, z. B.
Leerdammer Caractère®

Für das Dressing:
5 TL Erdbeermarmelade
Salz, Pfeffer, frisch gemahlen
5 EL Weißweinessig
2 TL süßer Senf
9 EL Olivenöl

1. Die Putenschnitzel unter fließend kaltem Wasser abwaschen, mit Küchenkrepp trocken tupfen und in Streifen schneiden. Mit Salz und buntem Pfeffer würzen.

2. Das Öl in einer Pfanne erhitzen und die Putenstreifen darin von beiden Seiten braten.

3. Die Blattsalate putzen, waschen, in mundgerechte Stücke zupfen und auf einem Sieb abtropfen lassen. Die Erdbeeren waschen, putzen und vierteln.

4. Für das Dressing die Erdbeermarmelade mit dem Senf, Salz, Pfeffer, Essig und Öl glat rühren.

5. Salatstücke, Erdbeerviertel und Putenstreifen auf einer Salatplatte anrichten und mit dem Dressing beträufeln. Den Käse in Streifen schneiden und über dem Salat verteilen.

Tipp

Dazu schmeckt frisch geröstetes Ciabattabrot.

Endiviensalat mit Putenstreifen

Zutaten für 4 Personen:

400 g Putenschnitzel
1 Kopf Endiviensalat, 1 frische Rote Bete
2 Möhren, 1 Bund glatte Petersilie
Salz, Pfeffer, frisch gemahlen
Thymian, gerebelt, 3 EL Zuckerrübensirup,
z. B. von Grafschafter, 2 EL Öl

Für das Dressing:
2–3 EL Zuckerrübensirup
Salz, Pfeffer, frisch gemahlen
4–5 EL Apfelessig
5–6 EL Öl

1. Den Salat in Blätter zerteilen, waschen, putzen und in Streifen schneiden. Die Rote Bete und die Möhren waschen, schälen und grob raspeln.

2. Die Petersilie waschen, trocken schütteln, die Blätter von den Stielen zupfen und grob hacken. Dabei ein paar Blätter für die Dekoration zurückbehalten.

3. Die Schnitzel unter fließend kaltem Wasser abwaschen, mit Küchenkrepp trocken tupfen und in Streifen schneiden. Mit Salz, Pfeffer, Thymian, Zuckerrübensirup und Öl vermischen und in einer erhitzten Pfanne braten.

4. Für das Dressing Sirup, Salz, Pfeffer, Essig und zum Schluss das Öl miteinander verrühren.

5. Salat, Rote Bete, Möhren, gehackte Petersilie und Putenstreifen auf Tellern anrichten. Mit dem Dressing beträufeln und mit den zurückbehaltenen Petersilienblättchen garniert servieren.

Zutaten für 6 Personen:

1 kleine küchenfertige Babypute, ca. 2,5 kg

Salz

Pfeffer

2 säuerliche Äpfel

50 g Margarine, z. B. Rama

1 TL Zimt

1 TL Zucker

½ Bund Thymian

100 g Bacon

100 ml Apfelsaft

2 EL Tomatenmark

Holzspieße und Küchengarn

Festtagspute
mit Apfel-Thymian-Füllung

1. Die Pute unter fließend kaltem Wasser abwaschen, mit Küchenkrepp trocken tupfen und innen und außen mit Salz und Pfeffer würzen.

2. Den Backofen auf 180 °C (Umluft 160 °C) vorheizen. Die Äpfel schälen, vierteln und entkernen. Die Äpfel mit der Margarine, Zimt und Zucker vermischen, mit dem Thymian in die Bauchhöhle füllen und diese mit Holzspießen verschließen. Brust und Keulen der Pute mit Bacon belegen und mit Küchengarn festbinden.

3. Die Pute auf die Brustseite in einen Bräter legen und 250 ml Wasser von der Seite in den Bräter gießen. Den Bräter auf die untere Einschubleiste des Backofens schieben.

4. Die Pute nach ca. 45 Minuten mit der Brust nach oben drehen und weitere 2 Stunden garen, dabei regelmäßig mit dem Bratfond übergießen. In der letzten ½ Stunde die Pute schön knusprig goldbraun braten, dabei nicht mehr übergießen.

5. Die Pute aus dem Ofen nehmen und vor dem Servieren etwas ruhen lassen. Den Bratfond mit dem Apfelsaft loskochen, durch ein Sieb in einen kleinen Topf gießen, das Tomatenmark einrühren und einmal aufkochen. Die Soße mit Salz, Pfeffer und 1 Prise Zimt abschmecken und zur Pute servieren.

Tipp

Dazu passen ein Püree aus Möhren und Kartoffeln und grüne Bohnen.

Putenbrustfilet
in Kräuterkruste

Zutaten für 2 Personen:

250 g Putenbrustfilet
60 g Sauerteigbrot
200 g grüne Bohnen
125 g Cocktailtomaten
1 EL gehackte Kräuter, z. B. Petersilie,
Basilikum, Oregano
1 EL Pflanzenöl, 2 EL flüssiger Kaffee-
weißer, z. B. Becel Diät für den Kaffee
1 TL abgeriebene Schale von 1 unbehandelten Zitrone
Salz, Pfeffer, frisch gemahlen
1 TL Senf, 1 TL Pflanzencreme
2 EL Basilikum, in Streifen geschnitten

1. Das Brot rösten und mit einem Pürierstab oder im Mixer grob zerbröseln. Die Bohnen waschen, die Enden abschneiden, die Fäden abziehen und eventuell halbieren. Die Cocktailtomaten waschen und halbieren.

2. Den Backofen auf 200 °C (Umluft 180 °C) vorheizen. Das Putenbrustfilet unter fließend kaltem Wasser abwaschen und mit Küchenkrepp trocken tupfen.

3. Die Brotbrösel mit Kräutern, Öl, Kaffee-weißer und geriebener Zitronenschale vermengen und mit Salz und Pfeffer abschmecken.

4. Eine Seite der Putenbrust mit dem Senf bestreichen und die Bröselmasse darauf verteilen. Ca. 30 Minuten im Ofen backen.

5. Die Bohnen in Salzwasser bissfest garen, abgießen und kalt abschrecken. Die Pflanzencreme in einer Pfanne erhitzen. Die Tomatenhälften darin anbraten, die Bohnen hinzufügen und mit Salz und Pfeffer abschmecken.

6. Das Putenbrustfilet aus dem Ofen nehmen, ca. 5 Minuten ruhen lassen und in Scheiben schneiden. Mit dem Gemüse auf Tellern anrichten und das Gemüse mit dem Basilikum bestreuen.

Putenmedaillons
mit Spargel-Risotto

Zutaten für 4 Personen:

1 Putenbrust, ca. 250 g
je 500 g weißer und grüner Spargel
1 Prise Salz, 1–2 TL Zucker
3 EL Butter, 1 Bund Frühlingszwiebeln
1 Knoblauchzehe, 250 g Risotto-Reis,
z. B. von Uncle Ben's, 450 ml
Gemüsebrühe, 50 ml Weißwein
Pfeffer, frisch gemahlen, 1 EL Öl
1 EL TK-Petersilie, gehackt
2 EL Crème fraîche légère
frische Petersilie zum Garnieren

1. Den Spargel waschen, den weißen Spargel ganz, bei dem grünen Spargel nur das untere Drittel schälen und holzige Enden abschneiden. Die Stangen in ca. 2 cm lange Stücke schneiden. Wasser mit Salz, Zucker und 1 EL Butter aufkochen und die Spargelstücke darin je nach Dicke 10–12 Minuten garen. Herausnehmen und gut abtropfen lassen.

2. Die Frühlingszwiebeln putzen, waschen und in feine Ringe schneiden. Den Knoblauch schälen, zerdrücken und in der restlichen erhitzten Butter kurz dünsten.

3. Den Reis zum Knoblauch geben, glasig dünsten und etwas Brühe angießen. Den Rest der Brühe und den Wein nach und nach dazugießen und ca. 20 Minuten bei geringer Hitze ausquellen lassen.

4. Die Putenbrust unter fließend kaltem Wasser abwaschen, mit Küchenkrepp trocken tupfen und in 4 Medaillons schneiden. Etwas flach drücken, mit Salz und Pfeffer würzen und im erhitzten Öl braten.

5. Frühlingszwiebel-Ringe, Petersilie, Crème fraîche und Spargelstücke zum Risotto geben, miterhitzen und mit Salz und Pfeffer abschmecken. Die Putenmedaillons mit dem Risotto servieren und mit Petersilie garnieren.

Putenrollbraten
mit Apfelsoße

1. Die Apfelringe klein schneiden, mit 200 ml heißer Brühe übergießen und ca. 15 Minuten einweichen lassen. Die Brühe abgießen und auffangen, die Apfelringe beiseitestellen.

2. Die Schalotten schälen und klein hacken. Mit den klein geschnittenen Apfelringen und der Crème fraîche verrühren und mit Salz, Pfeffer, Koriander und Majoran würzen. Den Backofen auf 200 °C (Umluft 180 °C) vorheizen.

3. Das Putenbrustfilet unter fließend kaltem Wasser abwaschen, mit Küchenkrepp trocken tupfen und mit Frischhaltefolie abgedeckt flacher klopfen. Mit Salz und Pfeffer würzen. Mit den Speckscheiben belegen und mit der Apfelmasse bestreichen. Das Fleisch aufrollen und mit Küchengarn gut zubinden.

4. Das Butterschmalz in einem Bräter erhitzen und das Fleisch darin rundherum scharf anbraten. 50 ml von dem Calvados und die aufgefangene Brühe dazugießen. Den Bräter in den Ofen stellen und den Braten im heißen Backofen 15 Minuten braten.

5. Die Temperatur auf 180 °C (Umluft 160 °C) reduzieren und den Braten weitere 50–60 Minuten garen. Den Braten dabei mehrmals wenden und mit dem Fond aus dem Bräter begießen.

6. Den Braten aus dem Fond nehmen und im abgeschalteten Ofen warm stellen. Den Fond mit dem restlichen Calvados, der restlichen Hühnerbrühe und dem Apfelsaft auffüllen und aufkochen. Den Soßenbinder einrühren und 1 Minute kochen lassen. Die Soße abschmecken. Den Braten aufschneiden und mit der Soße servieren.

Tipp

Reichen Sie dazu Kartoffelknödel und Rotkraut.

Zutaten für 4 Personen:

1 kg Putenbrustfilet am Stück (vom Metzger als Rollbraten schneiden lassen)
30 g Apfelringe, getrocknet
350 ml Hühnerbrühe
2 Schalotten
100 g Crème fraîche
Salz, Pfeffer, frisch gemahlen

½ TL Koriander, gemahlen
½ TL Majoran, getrocknet
75 g Frühstücksspeck in Scheiben
2 EL Butterschmalz
100 ml Calvados, 200 ml Apfelsaft
6–8 EL dunkler Soßenbinder, instant, z. B. von Mondamin, Küchengarn

Zutaten für 4 Personen:

600 g Putenbrust am Stück
Salz
Pfeffer, frisch gemahlen
1 EL Rapsöl

1 Beutel Fertigsoße für Schmorbraten,
z. B. von Knorr, 150 g Pflaumen
1 EL mittelscharfer Senf
50 g saure Sahne (10 % Fett)

Putenschmorbraten
mit Pflaumen-Senf-Soße

1. Das Fleisch unter fließend kaltem Wasser abwaschen, mit Küchenkrepp trocken tupfen und rundherum mit Salz und Pfeffer würzen. Das Rapsöl in einem Bräter erhitzen und das Fleisch darin von allen Seiten ca. 5 Minuten anbraten.

2. ½ l Wasser dazugießen und aufkochen. Die Fertigsoße für Schmorbraten einrühren und das Fleisch zugedeckt ca. 30 Minuten garen. Das Fleisch wenden und weitere 30 Minuten garen.

3. Die Pflaumen waschen, entsteinen und in Spalten schneiden. Die Pflaumenspalten in den letzten 3 Minuten zur Soße geben und mitgaren.

4. Den Braten aus der Soße heben und in dünne Scheiben schneiden. Den Senf und die saure Sahne in die Soße rühren. Die Soße mit den Pflaumenspalten zum Fleisch servieren.

Tipp

Dazu passen Rotkraut und Petersilienkartoffeln oder Rösti und Wirsingkohl. Die Soße gelingt auch mit Trockenpflaumen, die man vorher in Saft oder Wein einweicht. Pflaumen gibt es inzwischen das ganze Jahr, im Sommer stammen sie aus heimischer Ernte. Zwetschgen und späte deutsche Pflaumen lösen sich besonders gut vom Stein.

Gebratene Truthahnbrust
mit Mandelkruste

Zutaten für 6–8 Personen:

Für die Mandelkruste:
300 g Toastbrot vom Vortag
250 ml Milch, 3 Eier, Salz
2 Stängel Majoran, 150 g getrocknete
Aprikosen, 150 g ganze kalifornische
Mandeln ohne Haut, 4 Schalotten
3 Stängel Staudensellerie, 2 EL Butter
Pfeffer, Muskatnuss, Zimt

Für den Braten:
1 ganze Truthahnbrust, ca. 2 kg
(ohne Haut und Knochen)
500 g Zwiebeln
250 g Möhren, 1 Stange Lauch
3 EL Sonnenblumenöl
Salz, Pfeffer
2 Knoblauchzehen
2 Zweige Thymian
200 ml Weißwein, 800 ml Hühnerbrühe

1. Das Brot in Würfel schneiden und in eine Schüssel geben. Milch und Eier verquirlen, salzen und über die Brotwürfel gießen. Vorsichtig vermischen.

2. Den Majoran waschen, trocken schütteln und die Blättchen abzupfen. Die Aprikosen in kleine Stücke schneiden. Majoran und Aprikosen mit den Mandeln in eine Schüssel geben. Die Schalotten schälen, den Sellerie waschen und putzen, beides in Scheiben schneiden und in der Butter 5 Minuten dünsten. Mit Mandeln, Majoran und Aprikosen vermischen.

3. Den Backofen auf 200 °C (Umluft 180 °C) vorheizen. Die Zwiebeln schälen und vierteln, Möhren und Lauch waschen, putzen und in grobe Stücke schneiden.

4. Die Truthahnbrust unter fließend kaltem Wasser abwaschen und mit Küchenkrepp trocken tupfen. Den Bräter mit dem Sonnenblumenöl auf einer großen Platte erhitzen. Die Truthahnbrust von beiden Seiten ca. 10 Minuten goldbraun anbraten, erst dann salzen und pfeffern.

5. Gemüse, geschälten Knoblauch und Thymian hinzufügen und die Truthahnbrust im Ofen 10 Minuten weiterbraten. Mit Weißwein ablöschen, kurz einkochen lassen und die Brühe dazugießen. 20 Minuten weiterbraten, dabei immer wieder mit der Soße übergießen.

6. In der Zwischenzeit für die Mandelkruste die Mandel-Aprikosenmischung und die eingeweichten Brotwürfel mit der Milch-Eier-Mischung vorsichtig mischen und mit Salz, Pfeffer, etwas Muskat und einer Messerspitze Zimt abschmecken. Den Bräter aus dem Ofen nehmen und die Mandelkruste in einer ca. 3 cm dicken Schicht auf dem Braten verteilen, leicht andrücken und zurück in den Backofen schieben.

7. ½ Stunde fertiggaren, dabei nicht mehr begießen. Die Kruste soll goldbraun sein. Falls nötig, in den letzten Minuten mit Alufolie zudecken, damit die Kruste nicht zu dunkel wird.

8. Den fertigen Braten auf einem Blech im geöffneten, ausgeschalteten Ofen einige Minuten ruhen lassen. Die Soße durch ein Sieb in einen Topf gießen, abschmecken und kurz aufkochen. Den Braten in Scheiben schneiden und mit der Soße servieren.

Zutaten für 2–3 Personen:

1 Truthahn-Unterkeule, ca. 1 kg
50 g Butterschmalz
2 TL Dijon-Senf mit grünem Pfeffer
1 EL Öl
Salz und Pfeffer
2 säuerliche Äpfel

200 g Pfifferlinge
2 EL Honig
1 Stück Ingwer
400 ml Geflügelfond
1 EL Wild-Preiselbeeren (aus dem Glas)
1 EL Soßenpulver

Truthahnkeule
mit Honig-Senf-Glasur

1. Die Keule von Federteilen befreien und die Sehnen entfernen. Die Keule unter fließend kaltem Wasser abwaschen und mit Küchenkrepp trocken tupfen.

2. Das Butterschmalz in einem Bräter zerlassen und die Keule von allen Seiten insgesamt 10 Minuten anbraten.

3. Den Backofen auf 200 °C (Umlluft 180 °C) vorheizen. In einer kleinen Schale 1 TL Senf mit dem Öl verrühren und mit etwas Pfeffer abschmecken.

4. Die Keule salzen und pfeffern. Anschließend auf ein Backblech legen und mit der Senfmischung bepinseln.

5. Die Äpfel waschen, schälen und in Spalten schneiden. Die Pfifferlinge mit einem Kuchenpinsel säubern und die Stielenden abschneiden. 1 EL Honig mit dem restlichen Senf und 1 TL frisch geriebenem Ingwer verrühren.

6. Nach 45 Minuten die Apfelspalten und Pfifferlinge zusammen mit dem Geflügelfond und ½ l Wasser auf das Backblech geben. Die Keule mit der Honigmischung bestreichen.

7. Die Keule noch weitere 10 Minuten im Backofen weiterbraten lassen. Anschließend die Keule entnehmen und in einem Topf Pfifferlinge, Apfelspalten und Bratenfond mit den Wild-Preiselbeeren und dem restlichen Honig sowie dem Soßenpulver noch einmal kurz aufkochen lassen.

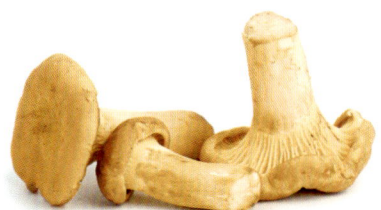

Truthahnragout
mit Granatapfel

1. Die Keulen von Federteilen befreien und die Sehnen entfernen. Die Keulen unter fließend kaltem Wasser abwaschen und mit Küchenkrepp trocken tupfen. 50 g Butterschmalz in einem Bräter zerlassen und beide Keulen von allen Seiten insgesamt 10 Minuten anbraten.

2. Die Karotten putzen und in Scheiben schneiden. Die Zwiebeln schälen und fein würfeln. Die Keulen aus dem Bratfett nehmen und die Karotten und Zwiebeln darin 5 Minuten lang anbraten. Mit 1 l Wasser und dem Geflügelfond aufgießen und aufkochen lassen.

3. Die Keulen mit Salz und Pfeffer würzen und in den kochenden Fond legen. Zugedeckt ca. 1 Stunde lang köcheln lassen. Dabei die Keulen gelegentlich wenden. Anschließend den Fond in eine Schüssel geben, die Keulen herausnehmen und abkühlen lassen. Das Fleisch lösen und in kleine Stücke schneiden.

4. Das restliche Butterschmalz im Bräter zerlassen und das Fleisch darin anbraten. Dabei mit Salz und Pfeffer würzen. Das Mehl darüberstäuben und kurz anschwitzen. Den Fond zugießen, aufkochen und noch einige Minuten köcheln lassen. Ganz zum Schluss die Granatapfelkerne hinzufügen und anschließend das Ragout auf vorgewärmten Tellern servieren.

Tipp

Dazu schmeckt Reis. Besonders schön sieht es aus, wenn der gekochte Reis in eine zuvor mit Wasser befeuchtete Tasse gefüllt wird. Dann die mit Reis gefüllte Tasse einfach auf den Teller stürzen.

Zutaten für 4–6 Personen:

2 Truthahn-Unterkeulen, ca. 1,8 kg
100 g Butterschmalz
3 Karotten
2 Zwiebeln

400 ml Geflügelfond
Salz und Pfeffer
etwas Mehl
3 EL Granatapfelkerne

Zutaten für 4 Personen:

1 Truthahnoberkeule, ca. 1 kg
Salz, Pfeffer, frisch gemahlen
2 TL Senf
2 Zwiebeln
100 g Butterschmalz
1 Brokkoli

500 g Karotten
200 g Prinzessbohnen
1 Bund Petersilie
100 g Pinienkerne
2 EL Honig

Gefüllte Truthahnkeule

1. Die Zwiebeln schälen und in feine Würfel schneiden. Die Karotten schälen und der Länge nach in Scheiben und dann in lange Streifen schneiden. Die Bohnen waschen und an beiden Enden abschneiden. Den Brokkoli putzen, in Röschen zerteilen und in Salzwasser legen.

2. Die Karotten und die Bohnen in reichlich Salzwasser kurz blanchieren. Sie sollen auf jeden Fall noch knackig-fest sein.

3. Die Truthahnkeule entbeinen und die Haut abziehen. Das Fleisch von Sehnen und größeren Fettteilen befreien. Unter fließend kaltem Wasser abwaschen und mit Küchenkrepp trocken tupfen.

4. 50 g Butterschmalz in einer Pfanne erhitzen und die Zwiebelwürfel darin glasig dünsten.

5. Die Truthahnkeule flach auf ein Brett legen, mit Salz und Pfeffer würzen und mit dem Senf bestreichen. So viel wie möglich von den gedünsteten Zwiebeln, den Karottenstreifen und Bohnen auf dem Fleisch verteilen und die Keule zusammenrollen. Mit Küchengarn zusammenbinden. Den Backofen auf 180 °C (Umluft 160 °C) vorheizen.

6. Die restlichen 50 g Butterschmalz in der Pfanne erhitzen und den Rollbraten ca. 5 Minuten von allen Seiten gut anbraten. In den Backofen legen und ca. 45 Minuten fertigbraten. Dabei mehrmals mit dem Honig und abtropfendem Fleischsaft bepinseln.

7. Die Petersilie waschen, trocken schütteln und klein schneiden. In einer beschichteten Pfanne die Pinienkerne ohne Fett kurz anrösten. Vorsicht: nicht zu lange rösten. Die Kerne werden schnell schwarz.

8. Den Brokkoli und das restliche Gemüse in kochendem Salzwasser einige Minuten blanchieren. Auf ein Sieb schütten und dann auf einer vorgewärmten Platte verteilen. Den Braten auf die Gemüseplatte setzen und Petersilie und Pinienkerne über das Gemüse streuen.

Tipp

Zu dem Gemüse schmeckt Sauce hollandaise.

Register

© 2010 SAMMÜLLER KREATIV GmbH

Genehmigte Lizenzausgabe
EDITION XXL GmbH
Fränkisch-Crumbach 2010
www.edition-xxl.de

Idee und Projektleitung: Sonja Sammüller
Layout, Satz und Umschlaggestaltung:
SAMMÜLLER KREATIV GmbH

ISBN (13) 978-3-89736-076-1
ISBN (10) 3-89736-076-4

Der Inhalt dieses Buches wurde von Autor und Verlag sorgfältig erwogen und geprüft. Es kann keine Haftung für Personen-, Sach- und/oder Vermögensschäden übernommen werden.

Bildnachweis

Wir danken folgenden Firmen für ihre freundliche Unterstützung:

Almond Board of California 76–77
The Food Professionals Köhnen AG, Sprockhövel
– Café Condito 24–25
– Fuchs 26–27, 64–65
– Grafschafter 50–51, 67
– Henglein 12–13, 56–57
– Kühne 15, 28–29
– Leerdammer 66
– Original Wein's 10–11
– Ostmann 20–21
– Uncle Ben's 71
Unilever Deutschland GmbH, Hamburg
– Becel 70
– Bertolli 52–53
– Knorr 14, 30–31, 32–33, 34–35, 74–75
– Mondamin 22–23, 72–73
– Pfanni 16–17, 36–37
– Rama 68–69

Alle weiteren Fotos: SAMMÜLLER KREATIV GmbH